MAFALDA 9

TIRAS DE QUINO
EDICIONES DE LA FLOR

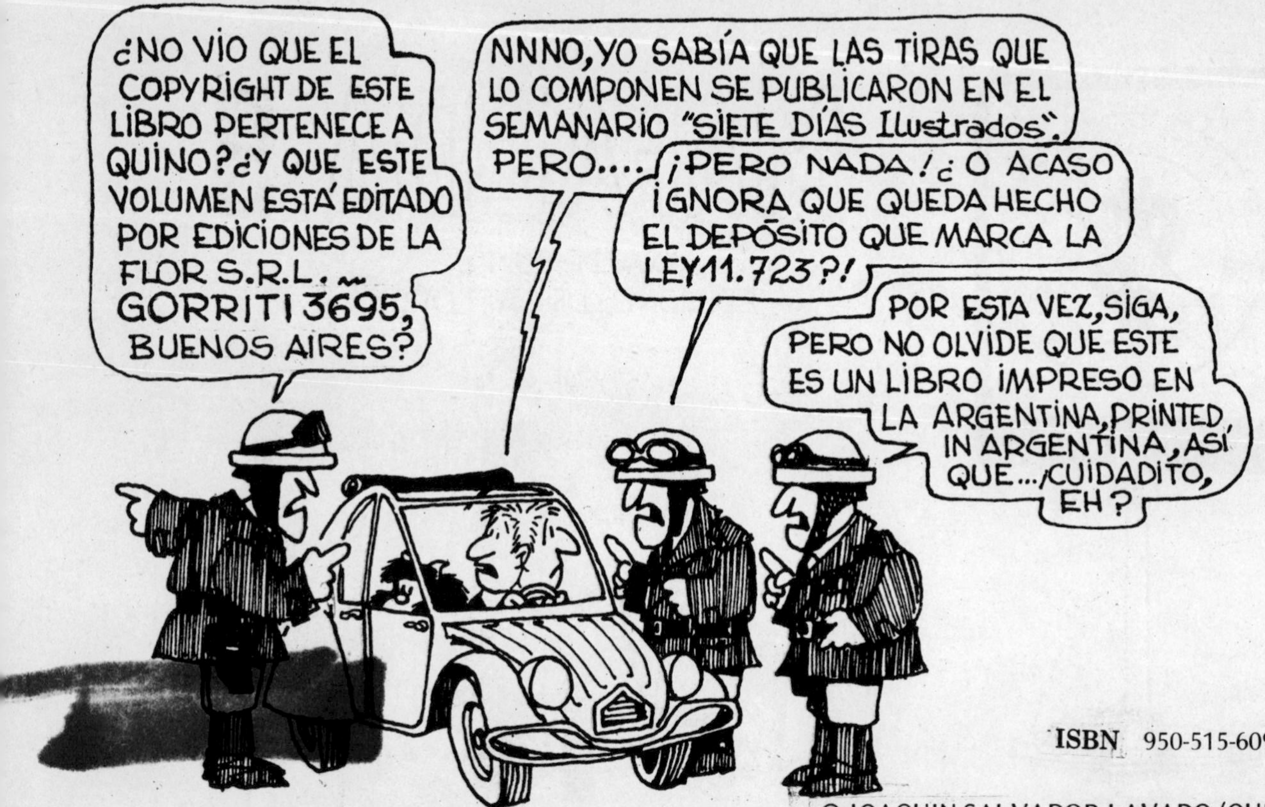
¿NO VIO QUE EL COPYRIGHT DE ESTE LIBRO PERTENECE A QUINO? ¿Y QUE ESTE VOLUMEN ESTÁ EDITADO POR EDICIONES DE LA FLOR S.R.L. ... GORRITI 3695, BUENOS AIRES?
NNNO, YO SABÍA QUE LAS TIRAS QUE LO COMPONEN SE PUBLICARON EN EL SEMANARIO "SIETE DÍAS Ilustrados". PERO....
¡PERO NADA! ¿O ACASO IGNORA QUE QUEDA HECHO EL DEPÓSITO QUE MARCA LA LEY 11.723?!
POR ESTA VEZ, SIGA, PERO NO OLVIDE QUE ESTE ES UN LIBRO IMPRESO EN LA ARGENTINA, PRINTED IN ARGENTINA, ASÍ QUE... ¡CUIDADITO, EH?

ISBN 950-515-609-X

a los lectores caídos
en cumplimiento del deber.

QUINO

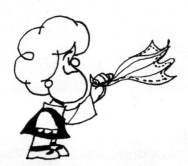

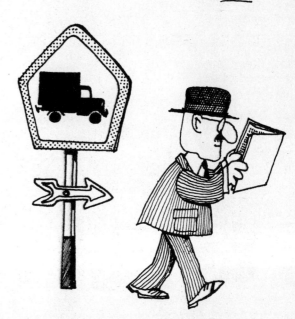

¡¡MAMÁ, ME SAQUÉ UN *10* EN GEOMETRÍA!!

¡FELICITO!...¡MMMCHUU!!

¡¡TE FELIZITO, ARRUINAHOGAREZ!!

-BUENAS TARDES, SEÑORA; AQUÍ LE TRAIGO SU PEDIDO

PASÁ, MANOLITO, ¿ESTÁ TODO, NO? BIEN...¡AH!...ESTEE... TE LO PAGO LA SEMANA QUE VIENE, ¿SABÉS? ¡GRACIAS!

BUENAS TARDES, SEÑORA; AQUÍ LE TRAIGO SU PEDIDO

PASÁ, MANOLITO, ¿ESTÁ TODO, NO? BIEN...¡AH!...ESTEE... TE LO PAGO LA SEMANA QUE VIENE, ¿SABÉS? ¡GRACIAS!

¡JOROBAR! ¡LA SITUACIÓN SE ESTÁ PONIENDO CADA VEZ MÁS TELEPÁTICA!

¡HAY UNA EPIDEMIA DE NO ZÉ QUÉ! ¡¡¡ME VOY A ENFERMAD!! ¡¡¡EZTÁ TODO EL MUNDO EN CAMA!!!

¡PERO SI NO SABE LEER! ¿QUÉ DIABLOS HABRÁ VISTO EN EL DIARIO?

LAS FOTOS DE LAS ÚLTIMAS PELÍCULAS

¿A LA PLAZA? NO, NO, MEJOR TE QUEDÁS EN CASA, ¿EH? MIRÁ UN POCO DE TELE-VISIÓN, ANDÁ

¡ESTÁ BIEN!

¡MAMÁ, RESULTA QUE A TUS PISOS LES FALTA EL DESLUMBRANTE BRILLO DE "CERALUX"! ¡"CE-RA-LUX"!?

Y TUS CABELLOS... ¡QUÉ OPACOS Y RESECOS, SIN ESE NATURAL ENCANTO QUE SÓLO "SHAMPUFLOWER" PUEDE DARLES!

¿LUCEN TUS MANOS LA FRESCA Y JUVENIL TERSURA DE "NÁCAR CRÈME"? "NÁCAR CRÈME" ES ÚNICA, PORQUE CONTIENE "B...

¿PENSASTE ALGUNA VEZ QUE ESTOS JÓVENES QUE HOY SUFREN POR QUE LOS ADULTOS NO LES DEJAN CAMINO...

...SON LOS MISMOS QUE MAÑANA, CUANDO SEAN ADULTOS, NO NOS VAN A DEJAR CAMINO A NOSOTROS?

NO, NUNCA LO HABÍA PENSADO

VOS QUE ANDÁS SIEMPRE PREOCUPADA POR EL LÍO QUE HAY EN EL MUNDO, ¿OÍSTE HABLAR DE ADÁN Y EVA?

SÍ, CLARO, ¿POR QUÉ?

PORQUE PARECE QUE AHÍ EMPEZÓ TODO; ¡Y POR UNA MANZANA, MIRÁ VOS!

POR COMER UNA SIMPLE MANZANA, VENIR LAS COSAS A PARAR EN ESTE DESPIPORRE DE HOY

¡TE IMAGINÁS SI LES DABA POR COMERSE UNA SANDÍA, NO? ¡¡¡MÍ MADRE!!!

HOLA, MIGUELITO, ¿QUÉ HACÉS MIRANDO ESE CHARCO?

ESTABA DEJANDO MI IMAGEN EN ESTE AGUA

ASÍ, CUANDO SE EVAPORE, CADA GOTITA LLEVARÁ UN POCO DE MÍ A TODO EL AIRE DE LA CIUDAD

CUANDO MAÑANA EN EL NOTICIOSO DIGAN EL PORCENTAJE DE HUMEDAD, YA SABÉS DE QUIÉN ESTARÁN HABLANDO

HOLA, FELIPE, ¿QUÉ HACÉS MIRANDO ESE CHARCO?

ESTABA DEJANDO MI IMAGEN EN ESTE AGUA

ASÍ, CUANDO SE EVAPORE, CADA GOTITA LLEVARÁ UN POCO DE MÍ A TODO EL AIRE DE LA CIUDAD

Y APARTE DE ESO, ¿EN QUÉ OTRA COSA INTERESANTE ANDÁS?

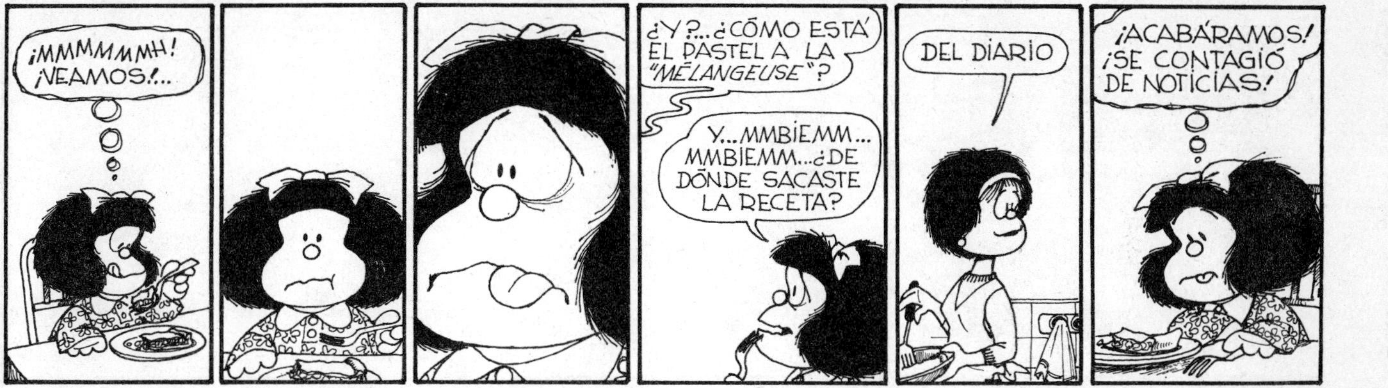
¡MMMMMMH! ¡VEAMOS!...
¿Y?... ¿CÓMO ESTÁ EL PASTEL A LA "MÉLANGEUSE"?
Y... MMBIEMM... MMBIEMM... ¿DE DÓNDE SACASTE LA RECETA?
DEL DIARIO
¡ACABÁRAMOS! ¡SE CONTAGIÓ DE NOTICIAS!

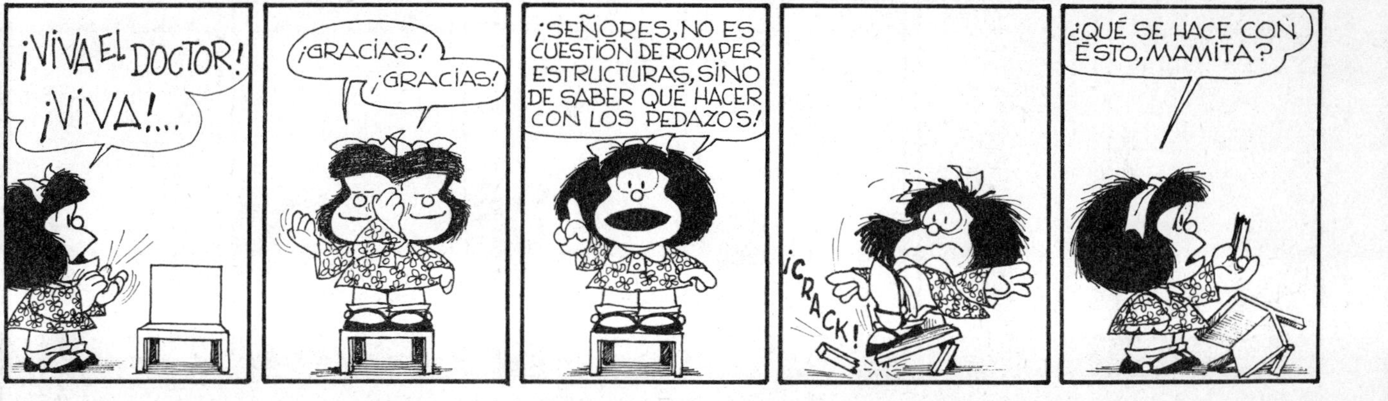
¡VIVA EL DOCTOR! ¡VIVA!...
¡GRACIAS!
¡GRACIAS!
¡SEÑORES, NO ES CUESTIÓN DE ROMPER ESTRUCTURAS, SINO DE SABER QUÉ HACER CON LOS PEDAZOS!
¡CRACK!
¿QUÉ SE HACE CON ESTO, MAMITA?

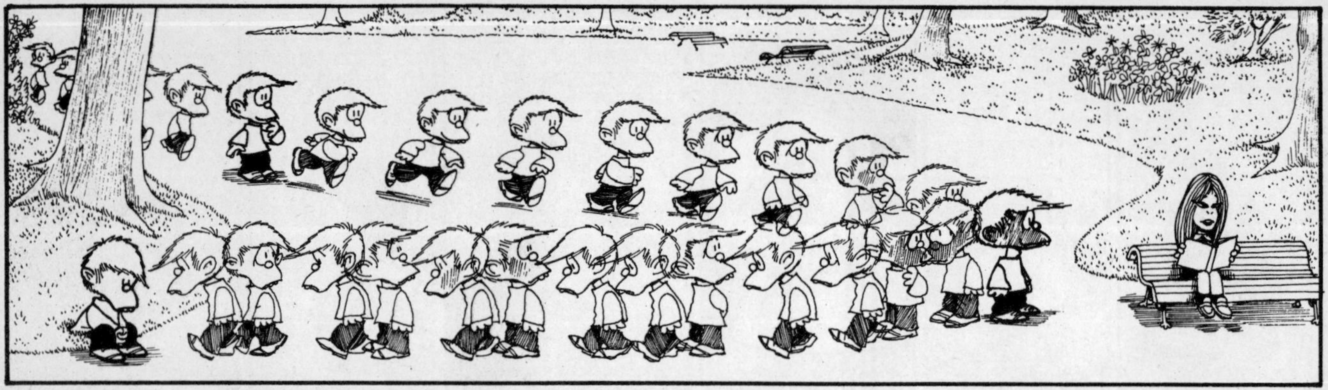

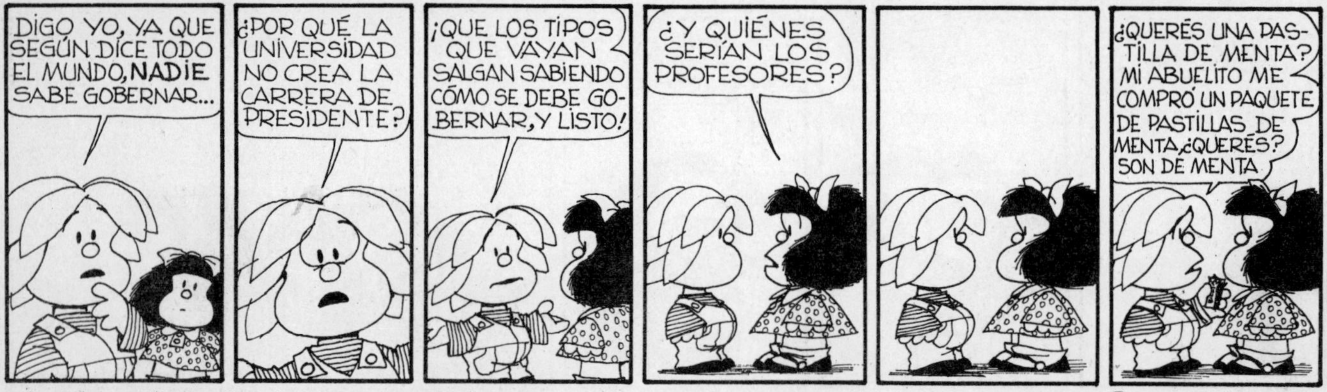
DIGO YO, YA QUE SEGÚN DICE TODO EL MUNDO, **NADIE** SABE GOBERNAR...
¿POR QUÉ LA UNIVERSIDAD NO CREA LA CARRERA DE PRESIDENTE?
¡QUE LOS TIPOS QUE VAYAN SALGAN SABIENDO CÓMO SE DEBE GOBERNAR, Y LISTO!
¿Y QUIÉNES SERÍAN LOS PROFESORES?
¿QUERÉS UNA PASTILLA DE MENTA? MI ABUELITO ME COMPRÓ UN PAQUETE DE PASTILLAS DE MENTA, ¿QUERÉS? SON DE MENTA.

¡¡ME DUELEN MIZ PIEZ!!

¡PERO CLARO, GUILLE, SI TE HAS PUESTO LOS ZAPATOS AL REVÉS!

¡¡ME DUELE MI ODGULLO!!

OPINA UN SECTOR DE LA IGLESIA SOBRE EL CELIBATO SACERDOTAL

¿QUÉ PENSÁS DEL CASAMIENTO DE LOS SACERDOTES, SUSANITA; VOS TE CASARÍAS CON ALGUNO?

¡¡¿PERO QUÉ HACÉS CON LOS BOTONES, DIGO YO?!! ¡¡CATORCE DE UNA SOTANA, NUEVE DE OTRA!!.....¡¡MÁH!!..¡¡PEGÁTELOS VOS!!

NO, YO SOY MUY RESPETUOSA Y JAMÁS CONTRIBUIRÍA A APARTARLOS DE LAS SAGRADAS TAREAS QUE LES IMPONE EL CELIBATO QUE ELLOS SE COMPROMETIERON A MANTENER CRISTIANAMENTE

EN LA JUGUETERÍA FRENTE A LA PLAZA TIENEN UN ROBOT A PILAS, ¡ES DE LINDO!...

¿Y CUÁNTO CUESTA?

CUANDO CAMINA ASÍ SE LE ENCIENDEN LUCECITAS AZULES Y VERDES Y ROJAS POR TODOS LADOS, ¡ES DE LINDO!...

¿Y CUÁNTO CUESTA?

¡QUÉ SÉ YO CUÁNTO CUESTA, PERO ES DE LINDO!...

¡QUÉ MENTALIDAD! ¿CÓMO ALGUIEN PUEDE SABER QUE ALGO ES LINDO, SI NO SABE CUÁNTO CUESTA?

♪LADA'I-LADILA-DA'A'A LADALÍÍÍDA-DOOO♪ ♪LALALÍÍLAAA

¡¡MMMCHUÍÍÍÍÍÍK!!

¡¡MCHUÓK!

¡CHUÍK! ¡CHUÍK! ¿CHUÍK! ¡CHUÍK! ¿CHUÍK

¡¡A MÍ A CADIÑOZO NO ME VAZ A GANAD!! ¿ME OÍZ?

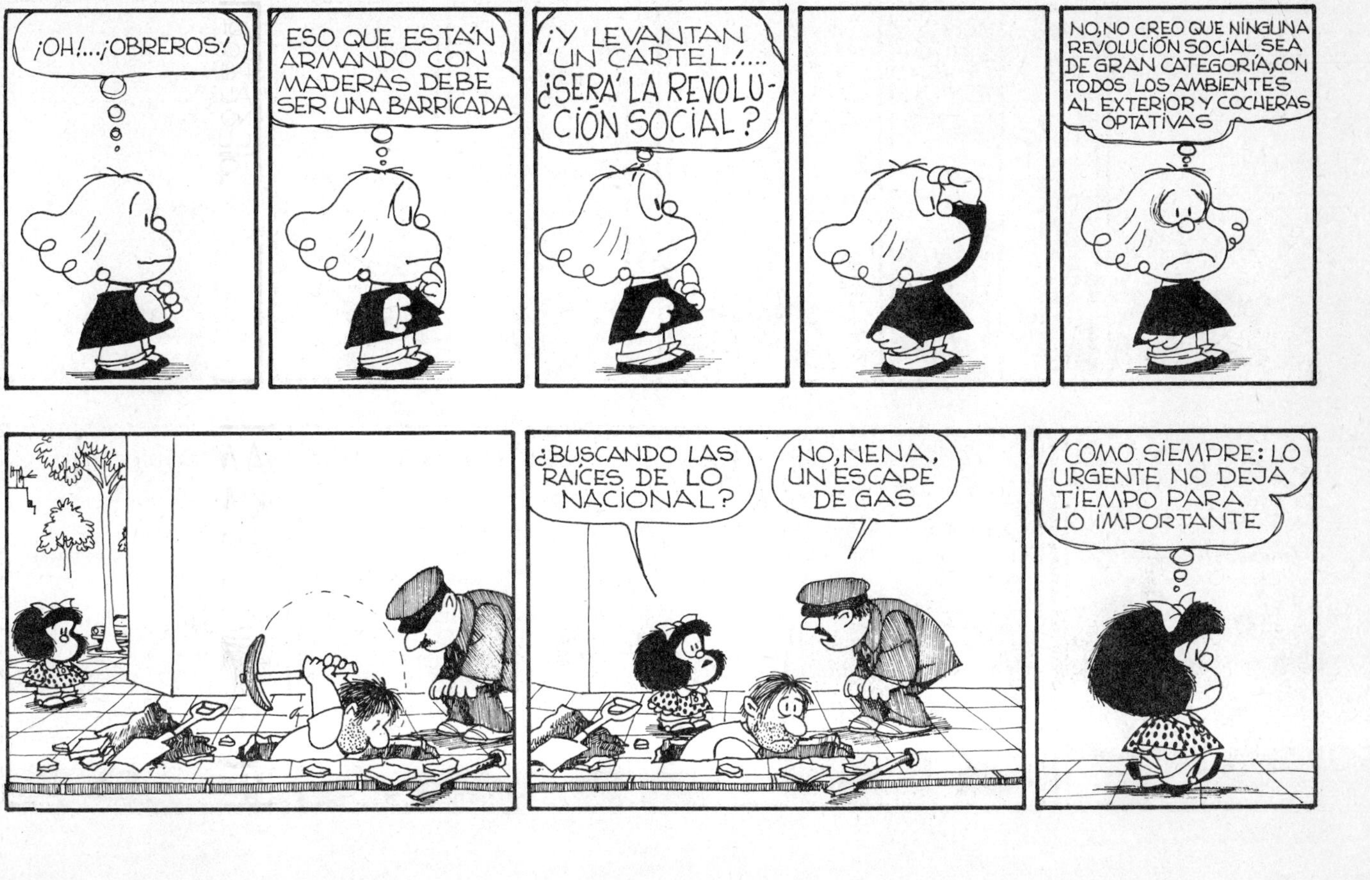
¡OH!...¡OBREROS!
ESO QUE ESTÁN ARMANDO CON MADERAS DEBE SER UNA BARRICADA
¡Y LEVANTAN UN CARTEL!... ¿SERÁ LA REVOLUCIÓN SOCIAL?
NO, NO CREO QUE NINGUNA REVOLUCIÓN SOCIAL SEA DE GRAN CATEGORÍA, CON TODOS LOS AMBIENTES AL EXTERIOR Y COCHERAS OPTATIVAS
¿BUSCANDO LAS RAÍCES DE LO NACIONAL?
NO, NENA, UN ESCAPE DE GAS
COMO SIEMPRE: LO URGENTE NO DEJA TIEMPO PARA LO IMPORTANTE

A QUE EL PRÓXIMO AUTO QUE PASA ES AZUL

¿CÓMO PUEDE UN AUTO EQUIVOCARSE TANTO?

VÍ QUE TU MAMÁ COMPRA EN LA MISMA CARNICERÍA QUE MÍ MAMÁ, FELIPE

¿AJHÁ?

SÍ, ASÍ QUE MÁS DE UNA VEZ DEBEMOS HABER COMIDO BIFES DE LA MISMA VACA

¡MIRÁ VOS, COMPAÑEROS DE VACA SIN SABERLO!

¡PENSAR QUE DÍA A DÍA, SEMANA A SEMANA, MES A MES, NOS HEMOS ESTADO MASTICANDO UNA VACA EN EQUIPO!

¡SI NO HAY ZAPALLO HERVIDO O ALGO ASÍ, NO CUENTEN CONMIGO EN LA MESA, MAMÁ, EH?

AL FIN DE CUENTAS LA HUMANIDAD NO ES NADA MÁS QUE UN SANDWICH DE CARNE ENTRE EL CIELO Y LA TIERRA

¡HOLA, DERROTISTA! ¿QUÉ HAY DE MALO?

¿CÓMO ANDAN LA POLÍTICA, LAS GUERRAS, LAS INJUSTICIAS SOCIALES Y TODAS ESAS CALAMIDADES CON LAS QUE VIVÍS AMARGÁNDOTE?

¿Y EL FUTURO CÓMO PINTA; NEGRO PETRÓLEO, O MÁS BIEN NEGRO PÓLVORA, EH?

HASTA LUEGO, VOY A SOBREVIVIR UN RATO POR AHÍ ANTES QUE LA HUMANIDAD SE DERRUMBE DEL TODO.

LA DERROTISTA SOS VOS: YO NO CREO QUE LAS COSAS ESTÉN TAN MAL COMO PARA TENER QUE TOMARLAS EN BROMA

EL APARATO DIGESTIVO DEL HOMBRE COMPRENDE: LA BOCA, LA FARINGE, EL ESÓFAGO, EL ESTÓMAGO, EL INTESTINO GRUESO, PERDÓN, DELGADO Y EL INTESTINO GRUESO. EL TUBO DIGESTIVO SEGREGA LOS JUGOS QUE TRANSFORMAN LOS ALIMENTOS EN EL...

¡BIEN, FELIPE, MUY BIEN, VEO QUE HAS ESTUDIADO, PUEDES IR A TU ASIENTO!

¡PERO SI LOS ANTERIORES A VOS NO FUERON NOVIOS; SÓLO FUERON *EXPERIENCIAS-PILOTO!*

CLARO QUE HABRÁ QUE VER SI A MI MARIDO LO CONVENCE EL LENGUAJE TECNOLÓGICO

¡MIS PIEZAS DE MÚSICA!

¡MIS TRECE AÑOS!... LA PROFESORA GIAMBARTOLI. ¡POBRE!... ELLA CREÍA QUE YO LLEGARÍA A SER UNA GRAN PIANISTA

¿POBRE ELLA?

?

LOS **DAÑOS** QUE PUDIERA **SUFRIR** ESTA RADIO POR MANEJO INDEBIDO, **GOLPES** U **OTROS FACTORES EXTERNOS** A LOS QUE SE VEA EXPUESTA QUEDAN EXCLUIDOS DEL PLAZO DE GARANTÍA DE 6 MESES

VENCIDO EL MISMO ESTA FIRMA **NO SE RESPONSABILIZA** POR NINGUNA **FALLA, DESPERFECTO Ó DESGASTE** QUE AFECTE AL RECEPTOR

ATENCIÓN: LAS PILAS AGOTADAS **DETERIORAN SERIAMENTE PARTES VITALES** DEL APARATO, POR LO QUE SE ACONSEJA CAMBIARLAS INMEDIATAMENTE A FIN DE EVITAR **AVERÍAS IRREPARABLES**

¿Y?¡LINDAS, LAS NOTICIAS!¿EEÉH? CASI TAN OPTIMISTAS COMO LAS QUE TE ESCUCHAMOS A VOS, ¿EÉÉH?¡ALEGRE, EL NOTICIERO!¿EEÉEH? ¡SIMPÁTICO EL INFORMATIV

¡"PÓRTATE BIEN"!
¡"PÓRTATE BIEN"!
¡UNO NO PUEDE
PORTARSE
SIEMPRE
BIEN!

¡TODOS LOS HIJOS
DEL MUNDO NOS
PORTAMOS UNAS
VECES BIEN Y
OTRAS MAL!

¡CLARO!...¡QUERER
SER PADRES DE UN
HIJO QUE **NUNCA**
SE PORTE MAL ES
CÓMODO!

¡QUERER SER
PADRES DE UN HIJO
QUE **JAMÁS**
LES DÉ TRABAJO
ES **FÁCIL!**

¡PERO ES
ANTIDEPORTIVO,
VÁYANLO SABIENDO!

LA ESFORZADA
ESCALADORA ESTÁ A
PUNTO DE ALCANZAR
LA CUMBRE

EN ESTAS ALTURAS
LA FALTA DE OXÍGENO
HACE DIFICULTOSA
LA RESPIRACIÓN

PERO FINALMENTE
LA PROEZA
SE CONCRETA

LA ESFORZADA
ESCALADORA DES-
CIENDE VICTORIOSA.
ABAJO LA ASEDIA
EL PERIODISMO

A TRAVÉS DE ESTE MI-
CRÓFONO HAGO PÚBLI-
CO MI RECONOCIMIENTO
A LAS AUTORIDADES
QUE TAN BIEN SABEN MAN-
TENER LAS CONDICIONES
PARA EL LOGRO DE HA-
ZAÑAS COMO ÉSTA

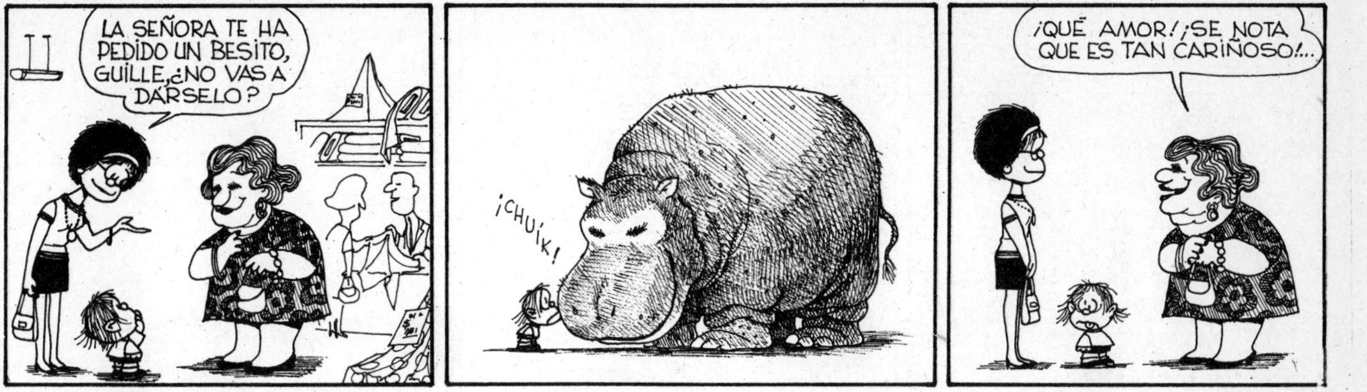
LA SEÑORA TE HA PEDIDO UN BESITO, GUILLE, ¿NO VAS A DÁRSELO?
¡CHUIK!
¡QUÉ AMOR! ¡SE NOTA QUE ES TAN CARIÑOSO!...

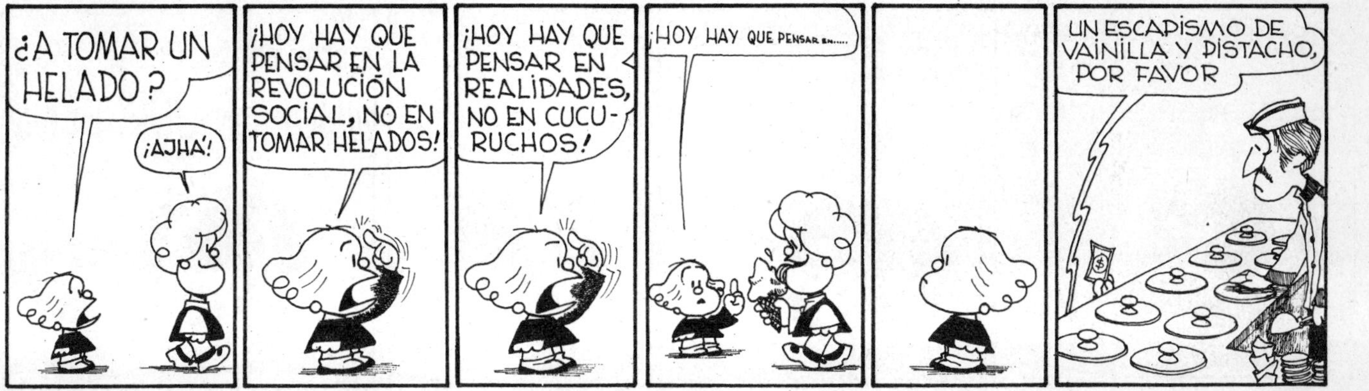
¿A TOMAR UN HELADO?
¡AJHÁ!
¡HOY HAY QUE PENSAR EN LA REVOLUCIÓN SOCIAL, NO EN TOMAR HELADOS!
¡HOY HAY QUE PENSAR EN REALIDADES, NO EN CUCU-RUCHOS!
¡HOY HAY QUE PENSAR EN.....
UN ESCAPISMO DE VAINILLA Y PISTACHO, POR FAVOR

UNA VEZ MÁS NUESTROS MICRÓFONOS LLEVAN A TODO EL PAÍS LA EMOCIÓN DE NUESTRO MÁS POPULAR DEPORTE:

¿QUEJARNOS?

¡FÚTBOOOL!...EN EL RELATO DE...

AH

SERVICIO MILITAR OBLIGATORIO PARA LAS MUJERES EN SUIZA

(BERNA)-Suiza marcha hacia la implantación del servicio militar obligatorio femenino. Las autoridades

POBRES SUIZAS, CAERLES ESTO JUSTAMENTE A ELLAS QUE SON DEL PAÍS DE LOS RELOJES CU-CÚ, DEL CHOCOLATE, DE LAS CAJITAS DE MÚSICA, DE LA NEUTRALIDAD...

...DE LA SOPA EN CUBITOS!

¡¡¡QUE SE JOROBEN!!!

SALUD, MIGUELITO, ¿ALGO BUENO EN LA TV?

RECIÉN LA ENCIENDO

PERO PARECE SER QUE SI PRIMERO TE PONÉS DESODORANTE, LUEGO COMÉS SALCHICHAS Y DESPUÉS TE COMPRÁS UN LAVA-RROPAS, TENÉS QUE SER MUY TARADO PARA NO SER FELIZ

ANOCHE ESTORNUDÉ UN PAR DE VECES

¿Y QUIÉN VINO Y ME PREGUNTÓ SI HABÍA TOMADO FRÍO, Y ME PUSO LA MANO EN LA FRENTE Y ME MIRÓ LA GARGANTA, EHÉÉÉ?

¿QUIÉÉÉÉÉEN?

¡¡MI PAPÁ!!

¡¡¡ÑÑÑÑÑÑÑH!!!... ¿VISTE COMO NO SOS HIJO ÚNICO?

¿QUÉ PASA, MAFALDA? ¿QUÉ MIRAS?

EL CIELO, MANOLITO

¿POR QUÉ? ¿QUÉ HAY?

NADA, SIMPLEMENTE QUE ES LINDO MIRAR EL CIELO

BUENO, APARTE DE SER UNA MANERA AZUL DE PERDER EL TIEMPO... ¿QUÉ TIENE DE LINDO?

¡PILAS DE PELÍCULAS QUE NO NOS DEJAN VER PORQUE SOMOS MUY CHICOS!...

¡INFINIDAD DE CONVERSACIONES QUE NO NOS DEJAN ESCUCHAR PORQUE SOMOS MUY CHICOS!...

¡MONTAÑAS DE LIBROS QUE NO NOS DEJAN LEER PORQUE SOMOS MUY CHICOS!

¿SE PUEDE ASISTIR CRUZADO DE BRAZOS A ESTA OLA DE MANÍA MUYCHIQUISTA SIN QUE A NADIE SE LE MUEVA UN PELO?

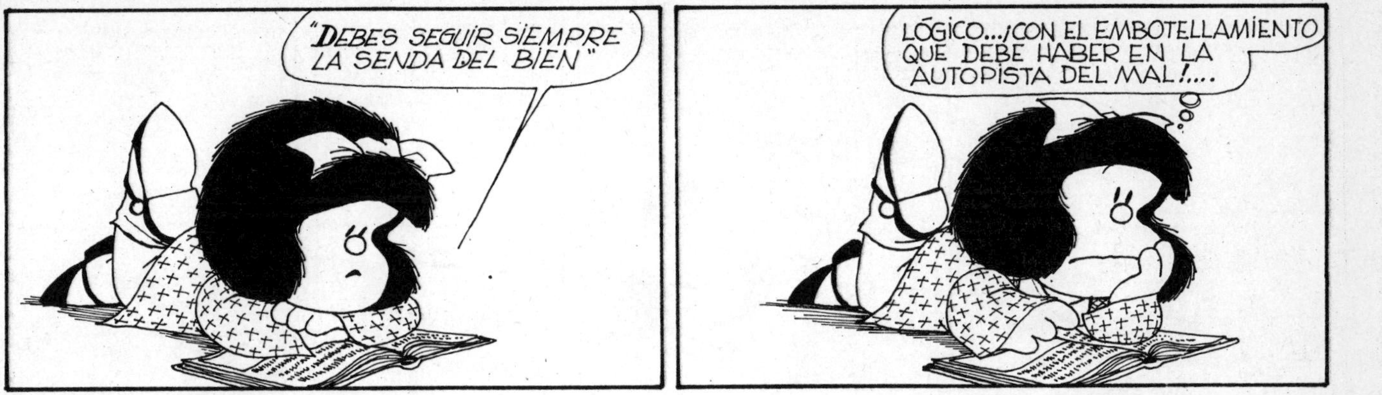
"DEBES SEGUIR SIEMPRE LA SENDA DEL BIEN"
LÓGICO...¡CON EL EMBOTELLAMIENTO QUE DEBE HABER EN LA AUTOPISTA DEL MAL!....

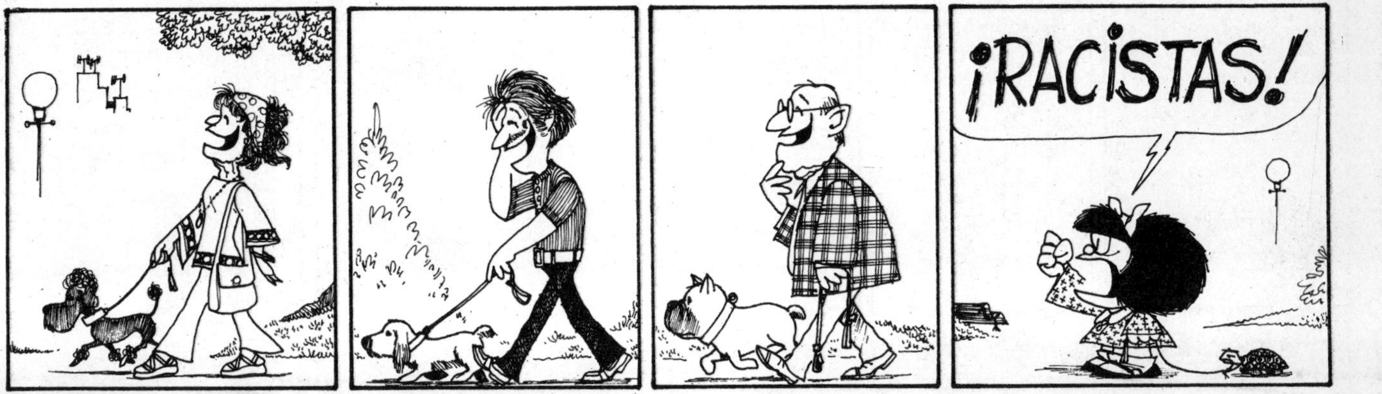
¡RACISTAS!

¿TE ACORDÁS, MANOLITO, QUE EN ENERO TODOS PENSAMOS QUÉ A LO MEJOR ESTE AÑO SE ACABABAN TODOS LOS LÍOS, SE ARREGLABA EL MUNDO Y EL AÑO TERMINABA MEJOR DE LO QUE EMPEZÓ?

SÍ, ¿POR?

¡PORQUE DE AQUÍ A FIN DE AÑO NOS QUEDAN TODAVÍA DOS SEMANAS DE EMOCIÓN, INTRIGA Y SUSPENSO HASTA SABER!

¿HASTA SABER QUÉ?

SI TENÍAMOS, O NO TENÍAMOS RAZÓN. ¿NO TE CARCOME LA DUDA?

¿SENTIDO DEL HUMOR? ALMACÉN "DON MANOLO"

PADA EZTA TODTUGA YO DEBO ZED UNA EZPEZIE DE GIGANTE

...DE GIGANTE GANDOTAZO, ENODME...

...DEZCOMUNAL...

¡!?

"UNA EZPEZIE"

ACABO DE DESCUBRIR QUE UNAS REVISTAS DE HISTORIETAS QUE ME PRESTÓ FELIPE LAS TIRÉ AL INCINERADOR JUNTO CON LOS DIARIOS VIEJOS

¡QUÉ MALA PATA, DIOS MÍO!... JUSTAMENTE A FELIPE, QUE ES TAN BONACHÓN!...

¿Y BUENO, SUSANITA, ¿QUÉ VAS A HACERLE?

¡JURARLE QUE SE LAS DEVOLVÍ, POR SUPUESTO! ¿O QUERÉS QUE ADEMÁS DE LAS REVISTAS PIERDA MI DIGNIDAD?!

PAPÁ, ¿QUÉ TAL TE PARECE QUE ANDARÁN LAS FINANZAS DE LOS REYES MAGOS ÉSTA VUELTA?

ESTEMM.... ¿POR QUÉMM?

PORQUE PENSABA ESCRIBIRLES YA MI PEDIDO, ¿VOS TENDRÍAS PAPEL Y SOBRE?

EEH... SSI, AHORA TE TRAIGO

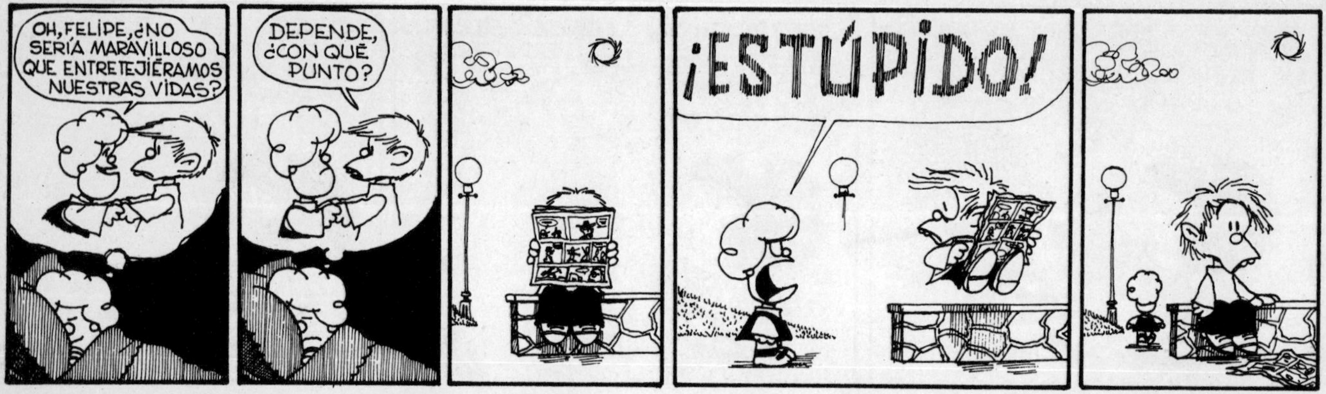
OH, FELIPE, ¿NO SERÍA MARAVILLOSO QUE ENTRETEJIÉRAMOS NUESTRAS VIDAS?
DEPENDE, ¿CON QUÉ PUNTO?
¡ESTÚPIDO!

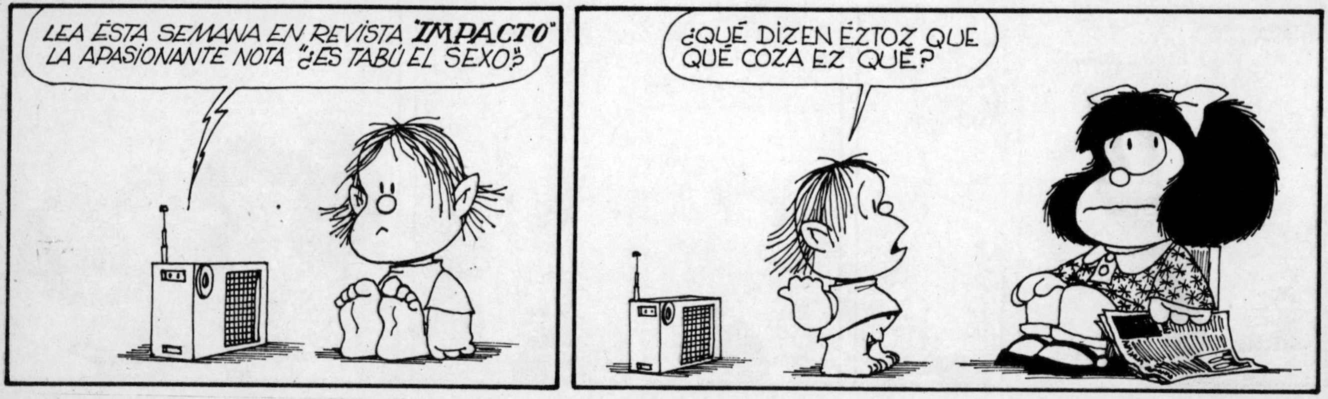
LEA ÉSTA SEMANA EN REVISTA "IMPACTO" LA APASIONANTE NOTA "¿ES TABÚ EL SEXO?"
¿QUÉ DIZEN ÉZTOZ QUE QUÉ COZA EZ QUÉ?

MI PAPÁ PIENSA QUE DEBIÉRAMOS SER MÁS COMPASIVOS Y TENER UN PRESIDENTE EXTRANJERO

¿¿EXTRANJ.... NO LE DIJISTE A TU PAPÁ QUE ESTÁ LOCO?!

LE DIJE, SÍ

PERO ÉL SIGUE PENSANDO QUE ES UNA CRUELDAD DARLE, A ALGUIEN NACIDO EN ESTE PAÍS, UN PUESTO DESDE EL CUAL EL POBRE NO PUEDE PROTESTAR CONTRA EL GOBIERNO

¡OJALÁ!

ESO, ¡OJALÁ!

LA GENTE ESPERA QUE ESTE AÑO QUE EMPIEZA SEA MEJOR QUE EL ANTERIOR

APOSTARÍA QUE POR SU PARTE, ESTE AÑO QUE EMPIEZA ESPERA QUE LO QUE SEA MEJOR SEA LA GENTE

MAFADDA

CUANDO UN PAÍZ ZE GAZTA, ¿ADÓNDE LO TÍDAN?

TODAVÍA NO SOY UN JOVEN DE CUARENTA Y YA TENGO COSAS DE UN VIEJO DE TREINTAYNUEVE

EN MI CASA SIEMPRE LA MISMA HISTORIA: CADA DOS POR TRES SE DESCOMPONE EL LAVARROPAS

VIENE EL HOMBRE, LO ARREGLA, MI MAMÁ DICE *QUÉ BARBARIDAD, UD. CADA VEZ ME COBRA MÁS*, Y EL OTRO CONTESTA *QUÉ QUIERE, SEÑORA, COMO ANDAN LAS COSAS*, Y TERMINAN LOS DOS HABLANDO DE LO MAL QUE ESTÁ TODO

LA CUESTIÓN ES QUE CADA VEZ QUE ME PONGO ROPA LIMPIA SIENTO COMO QUE ANDO POR AHÍ TODA VESTIDA DE CRISIS

¡AQUÍ LOS SON TODOS IGUALES: MUCHO BLÁ-BLÁ, MUCHO BLÁ-BLÁ, PERO NINGUNO PIENSA EN EL PAÍS!

TODOS PIENSAN EN EL PAÍS, QUE NO SE LES OCURRA NADA ES OTRA COSA, PERO TODOS PIENSAN EN EL PAÍS

¡SOPA EN VERANO! ¿A QUIÉN SE LE OCURRE HACER SOPA EN VERANO? ¡A NADIE! ¡SOLO A VOS SE TE OCURRE HACER SOPA EN VERANO!

¿VERDAD QUE SOY ORIGINAL?

...ÉSTA POR DARLE ARGUMENTOS AL ENEMIGO, ¡GULP!... ÉSTA POR TARADA, ¡GÚLP!... ÉSTA POR NO SABER QUÉ CONTESTAR, ¡GÚLP!...ÉSTA POR

ESTOY EMPEZANDO A SOSPECHAR QUE PARA EDUCARNOS LOS GRANDES SON UNOS CÓMODOS, FELIPE

¿UNOS CÓMODOS?

Y, SÍ: ELLOS VIENEN Y TE ENSEÑAN QUÉ ES BUENO Y QUÉ ES MALO

PERO LUEGO TE LARGAN PARA QUE VOS SOLITO TE LAS REBUSQUÉS COMO PODÁS EN APECHUGAR CON LO BUENO QUE TIENE LO MALO Y LO MALO QUE TIENE LO BUENO

¿USTEDES CUÁNDO SE VAN DE VERANEO?

TODAVÍA NO SABEMOS, LIBERTAD

NOSOTROS NOS VAMOS CATORCE DÍAS DE VERANEO, AUNQUE NO SABEMOS SI REALMENTE NOS IREMOS CATORCE DÍAS DE VERANEO

¿POR?

PORQUE TENEMOS PLATA SUFICIENTE PARA DOS SEMANAS, PERO NO SABEMOS SI REALMENTE LA PLATA QUE TENEMOS SERA SUFICIENTE PARA DOS SEMANAS, ¿ENTENDÉS?

SÍ, CLARO, ENTIENDO

YO TAMBIÉN

¿NO ES TRISTE QUE ENTENDAMOS?

EL PUEBLO AL PODER

U.J.R.

¡PARA QUÉ!...¿PARA QUE DESPUÉS QUEDE TODO EL PODER LLENO DE CÁSCARAS DE NARANJA, PAPELES USADOS Y MANCHAS DE SANDWICHES DE CHORIZO?

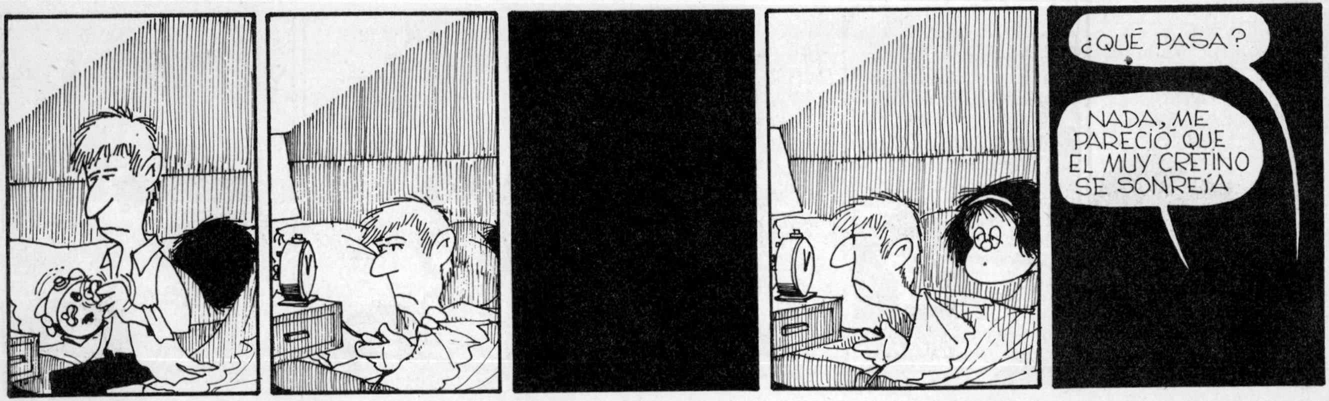
¿QUÉ PASA?
NADA, ME PARECIÓ QUE EL MUY CRETINO SE SONREÍA

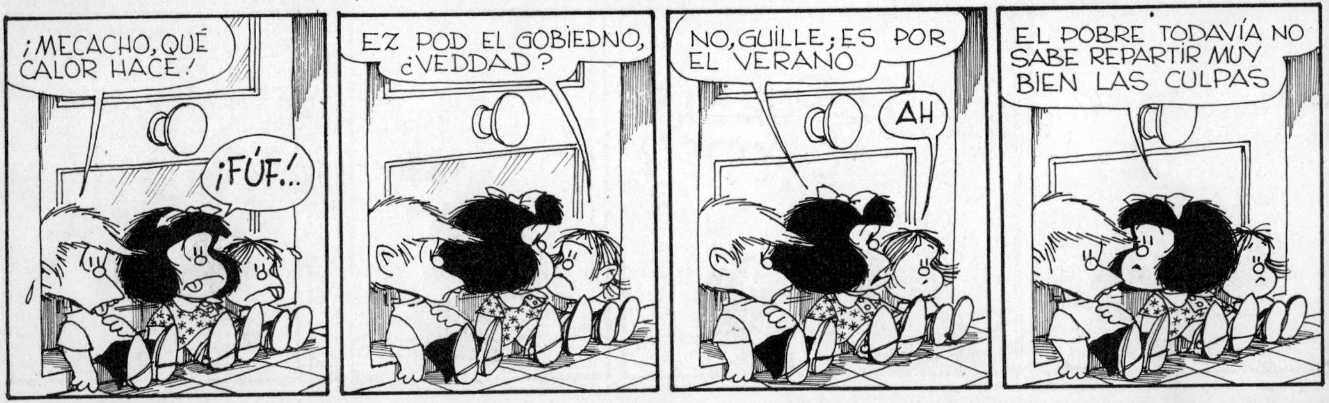
¡MECACHO, QUÉ CALOR HACE!
¡FÚF!..
EZ POD EL GOBIEDNO, ¿VEDDAD?
NO, GUILLE; ES POR EL VERANO
AH
EL POBRE TODAVÍA NO SABE REPARTIR MUY BIEN LAS CULPAS

¡BROOOOMM!

¡BROOOOMM! ¡BRUUN!

NUNCA ENTENDÍ ESA MANÍA DE PROMOCIO-NARSE QUE LES DA A LAS TORMENTAS EN VERANO

¡MMMMMMMM HHH! ¡QUÉ HERMOSA LLUVIA!

¡QUÉ HERMOSO RESFRÍO!

¿POR QUÉ NO VAS A TU CASA?

ASÍ ES COMO LUEGO SE ENFERMAN

¡DAR TRABAJO! ¡PARECE QUE LES GUSTA-RA DAR TRABAJO!

LO QUE NOS FALTABA: ¡¡COMANDOS PARA-MATERNALES.!!

LA VERDAD, SER CHICO TAMBIÉN TIENE SUS VENTAJAS

SÍ, CLARO

UNO NO TIENE QUE TRABAJAR...

LOS PADRES ESTÁN TODO EL TIEMPO CUIDÁNDOTE LA SALUD...

Y ADEM....

QUINO

¿VAMOS A CALLARNOS A MÍ CASA?

¿QUÉ EZ ÉZTO TODO LLENO DE CAÑITOZ?

ES UN AVISO DE UNA PLANTA DE GAS

¿DE GAZ?

SÍ, DE GAS DEL ESTADO

¿Y EL EZTADO UZA ÉZTO PADA INFLAD QUÉ?

PARA INFLAR NADA, GUILLE; ÉSE ES EL GAS QUE SE USA EN LAS CASAS Y ÉSO

AAH

QUINO

CREO QUE LE CONTESTÉ LA VERDAD, ¿NO?

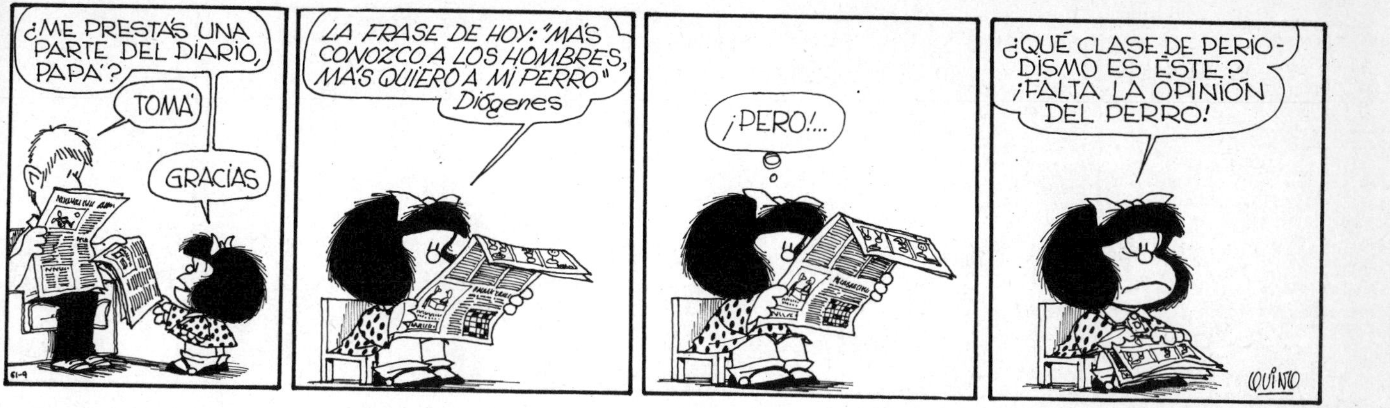
¿ME PRESTÁS UNA PARTE DEL DIARIO, PAPÁ?
TOMÁ
GRACIAS
61-9
LA FRASE DE HOY: "MÁS CONOZCO A LOS HOMBRES, MÁS QUIERO A MI PERRO" Diógenes
¡PERO!...
¿QUÉ CLASE DE PERIODISMO ES ÉSTE? ¡FALTA LA OPINIÓN DEL PERRO!
QUINO

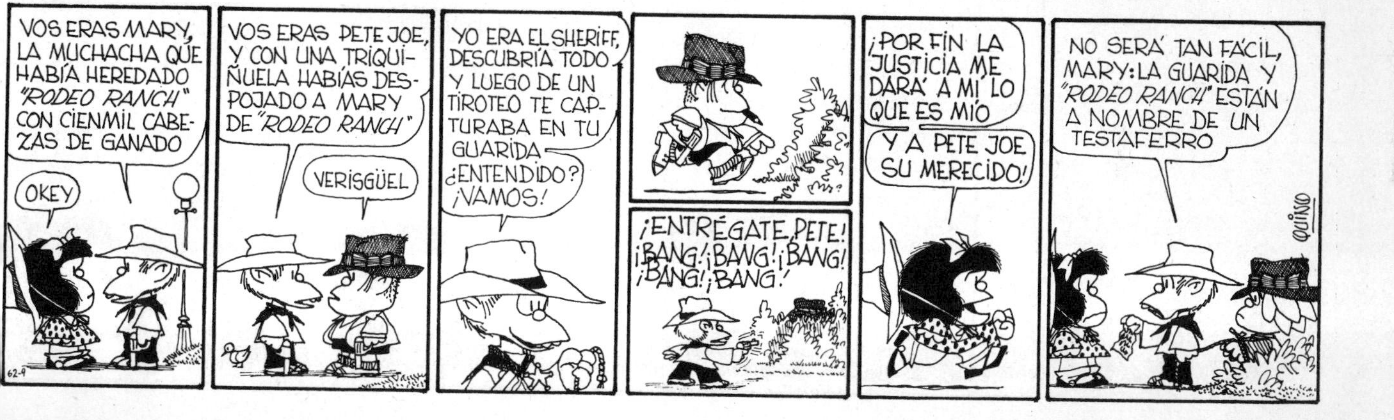
VOS ERAS MARY, LA MUCHACHA QUE HABÍA HEREDADO "RODEO RANCH" CON CIENMIL CABEZAS DE GANADO
OKEY
62-9
VOS ERAS PETE JOE, Y CON UNA TRIQUIÑUELA HABÍAS DESPOJADO A MARY DE "RODEO RANCH"
VERISGÜEL
YO ERA EL SHERIFF, DESCUBRÍA TODO Y LUEGO DE UN TIROTEO TE CAPTURABA EN TU GUARIDA ¿ENTENDIDO? ¡VAMOS!
¡ENTRÉGATE, PETE! ¡BANG! ¡BANG! ¡BANG! ¡BANG! ¡BANG!
¡POR FIN LA JUSTICIA ME DARÁ A MÍ LO QUE ES MÍO
Y A PETE JOE SU MERECIDO!
NO SERÁ TAN FÁCIL, MARY: LA GUARIDA Y "RODEO RANCH" ESTÁN A NOMBRE DE UN TESTAFERRO
QUINO

¡¡PE...PERO... EL PRECIPICIO, MIGUELITO, CUIDADO, POR DIOS!!

¿SE ROMPE?

¡MIENTRAS TODO EL MUNDO VERANEA FELIZ.....MI PRIMITA, MI POBRE PRIMITA MABEL!...

¿QUÉ LE OCURRE, SUSANITA?

¡JUSTAMENTE AHORA, MIRÁ VOS!

¡ELLA NO MERECÍA ESTO, NO LO MERECÍA!

¿ES ALGO GRAVE?

¡GRAVE, DECÍS!..

¡NUEVE AÑOS Y YA ENVIUDAR DEL APÉNDICE! ¿HAY DERECHO?

ESTA MISMA TARDE COMPRO UNA POSTAL Y SE LA MANDO

Querida Mafalda: desde estas hermosas playas.....

NO, ESO ES MUY VULGAR. A VER.....

Querida Mafalda: ....

¿QUERIDA MAFALDA QUÉ?

MEJOR PENSAR TRANQUILO ESTA NOCHE EN EL HOTEL CÓMO ESCRIBIR ESA TARJETA

AL FIN DE CUENTAS LLEGUÉ HOY; TENGO TIEMPO, PUEDO ENVIÁRSELA MAÑANA, POR EJEMPLO

¡CÓMO!...¿ASÍ QUE NO RECIBISTE NAD.... ¡¡QUÉ DESASTRE ESTÁ HECHO EL CORREO!!

¡AAAAH! ¡UNOS DÍAS MÁS Y NOS VAMOS DE VACACIONES!

¿PADA QUÉ?

¡LA PREGUNTA!.... ¡PARA DESCANSAR, GUILLE! ¡¡PARA DES-CAN-SAR!!

MAFADDITA, ¿DE QUÉ EZTAMOZ CANZADOZ?

¿TODO EZTE AGUA VINO A PADAD AQUÍ CUANDO ZE PINCHÓ QUÉ COZA?

SÍ, BUENO PERO ¿CON QUÉ RÉGIMEN SE ADELGAZA REALMENTE?

CONOZCO UNO QUE PARECE EFICAZ, PERO MEJOR NO ESTROPEARSE EL VERANEO RECORDANDO CÓMO ANDAMOS EN POLÍTICA

¿NO ES UN ABUSO DE AUTORIDAD?

¡¡"CON PEDMIZO"!! ¿EHÉÉ?

¡HAY NUBEZ QUE NO ZÉ DÓNDE APRENDIEDON EDUCAZIÓN!

EL INSPECTOR CARSON, DE SCOTLAND YARD, MORDISQUEÓ SU QUÉ BIEN ESTÁ LA MÁS BAJITA DE SCOTLAND YARD, MORDISQUEÓ SU PIPA Y ESE GORDO TENÍA QUE PARARSE JUSTO DELANTE

EL INSPECTOR CARSON, DE SCOTLAND YARD, MORDISQUEÓ SU PIPA Y AHÍ SE VA EL GORDO, BÁRBARA ESTÁ PECTOR CARSON, DE SCOTLAND YARD, MORDISQ TAMBIÉN CON ESA BIKINI EL INSPECTOR CARSON, DE SCOTLAND ZÁS, AHORA PARECE QUE ESTÁN POR IRSE SU PIPA Y MIRÓ A TRAVÉS DE LA VENTANA

LA SEXTA SEÑAL

¿SE IRÁN? CARSON, DE SCOTLAND YARD, MORDIS SE VAN NOMÁS, QUÉ LÁSTIMA, CON LO BIEN QUE ESTABA.... Y BUÉH...

EL INSPECTOR CARSON, DE SCOTLAND YARD, MORDISQUEÓ SU PIPA Y MIRÓ A TRAVÉS DE LA VENTANA

PERO ESTO.....

¡¡A VER SI HICE LA MACANA DE COMPRAR UNA NOVELA POLICIAL QUE YA LEÍ!!...

74-9

¿Y ESO?

NADA, QUERÍA PROBAR LA SENSACIÓN DE SENTIRME UNA CHICA SEXY

QUINO

¿PUEDO DESTAPARME O POR CENTÉSIMA VEZ VAS A REVISAR LA CUENTA PARA CONVENCERTE DE QUE YA SE NOS ACABAN LOS DÍAS DE VACACIONES?

75-9

¡PZT! ¡A PAPÁ' ZE LE EZTA' PELANDO LA EZPALDA! ¿POD QUÉ?

POR EL SOL, GUILLE, ¡¿POR QUÉ VA A SER!...

QUÉ ZÉ YO..... MALA CALIDAD

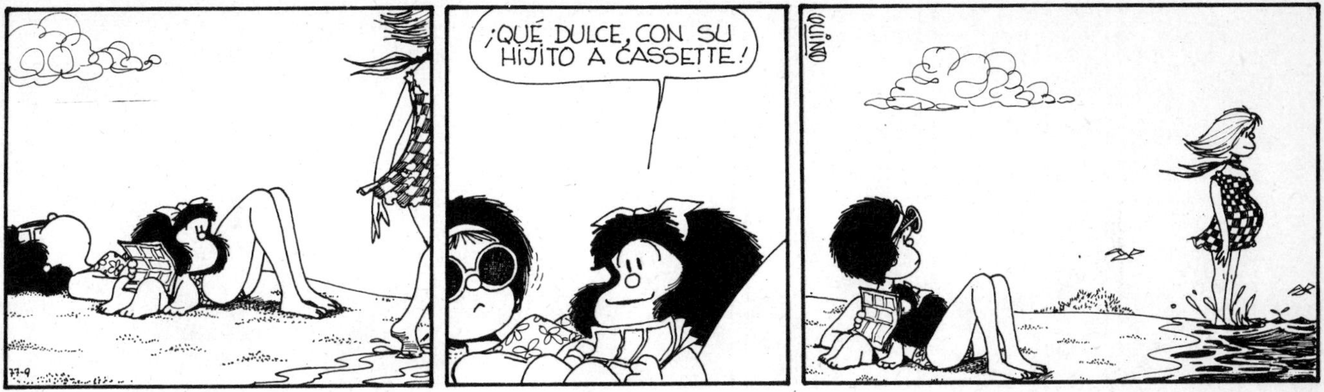
¡QUÉ DULCE, CON SU HIJITO A CASSETTE!
QUINO

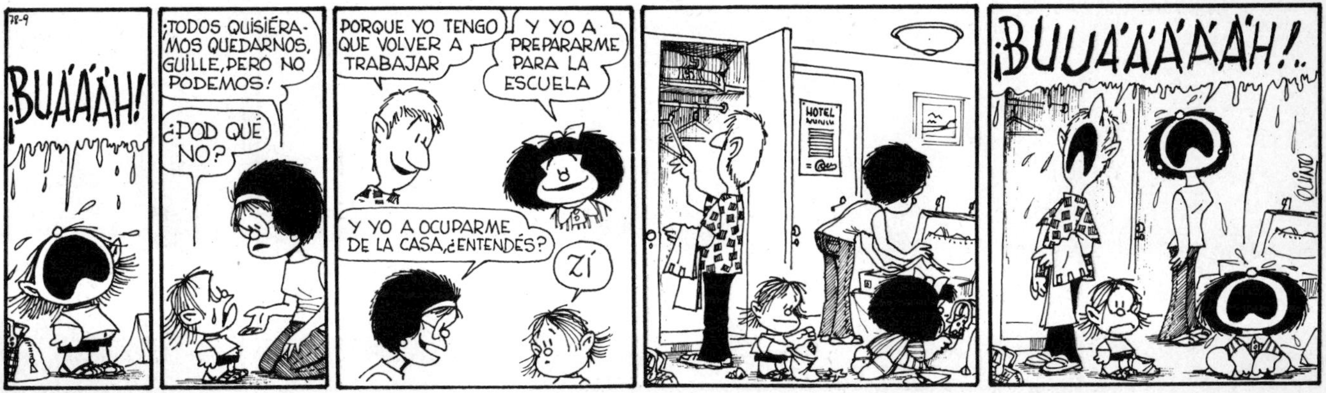
¡BUÁÁÁH!
¡TODOS QUISIÉRAMOS QUEDARNOS, GUILLE, PERO NO PODEMOS!
¿POD QUÉ NO?
PORQUE YO TENGO QUE VOLVER A TRABAJAR
Y YO A PREPARARME PARA LA ESCUELA
Y YO A OCUPARME DE LA CASA, ¿ENTENDÉS?
ZÍ
HOTEL
¡BUUÁÁÁÁH!..
QUINO

79-9

¿QUÉ HACÉS, PAPÁ?

FUMO UN CIGARRILLO, ¿POR QUÉ?

NO, POR NADA

ME PARECIÓ QUE ERA EL CIGARRILLO EL QUE TE ESTABA FUMANDO A VOS, PERO NO ME HAGAS CASO

80-9

¡LO, ZIENTO, EZTE LÁPIZ EZ MÍO!

¡ZOMOZ HEDMANOZ Y NOZ QUEDEMOZ MUCHO, PERO LO QUE EZ DE CADA UNO EZ DE CADA UNO!

¡QUE VOY A HACERLE! ¡YA ESTOY CASI RESIGNADA A QUE ÉL SEA MI PAÍS LIMÍTROFE!

ME PUSE A IMAGINAR QUE EL SUELO NO EXISTE Y QUE ESTOY PARADO EN EL AIRE

¿Y?

¡QUE NO ENTIENDO CÓMO NO ME CAIGO!

MUY FÁCIL: SI EL SUELO NO EXISTE ¿ADÓNDE VAS A CAERTE?

¡LO QUE ES SER REALISTA!

....Y TODO PARA COBRAR UNA MISERABLE JUBILACIÓN!

¡ÉSO!

ES QUE LOS JUBILADOS DEBERÍAN MANDARSE UNA BUENA HUELGA, ¡SÍ SEÑOR!¡HUELGA GENERAL DE JUBILADOS POR TIEMPO INDETERMINADO EN TODO EL PAÍS, Y NO AFLOJAR!

¡NO PASARÍA NADA, LIBERTAD!

¿QUE NO?¡JÁH!¡EL GOBIERNO TENDRÍA QUE LLAMAR AL EJÉRCITO PARA CUBRIR LA FALTA DE JUBILADOS, Y LOS SOLDADOS TENDRÍAN QUE LEER EL DIARIO EN LAS PLAZAS, CRUZAR MAL LAS CALLES, PROTESTAR CONTRA LOS JÓVENES !...

¿Y DE ABUELOS? ¿QUIÉNES HARÍAN DE ABUELOS? ¿CREÉS QUE ALGUIEN AGUANTARÍA TENER EN SU CASA A UN SOLDADO DE INFANTERÍA HACIENDO DE ABUELO? ¿EHÉ? ¿TE

¡CHiiSS!

SALUD

¡MENOS MAL! LLEGA-BA A DECIRME *GRACIAS* Y DESPACHURRO EL PRESUPUESTO FAMI-LIAR PAGANDO PSICOANALISTAS

QUINO

¿'MMMMMH? ¡QUÉ LINDA MI TODTUGA!

TODTUGA NO, GUILLE: TORTUGA

¿TODTUGA?

NO, NO

TORTUGA

TODTUGA

¡PERO NO! PROBÁ OTRA VEZ: TORRRTUGA

QUINO

¿Y ZI MEJOD LA PATEO?

Y ESO QUE LOS LIBRETISTAS DE TELENOVELAS TIENEN LA DELICADEZA DE NO MOSTRARNOS A LOS PROTAGONISTAS CUANDO EN MEDIO DE SU DRAMA DE PASIONES LES CAE ADEMÁS LA FACTURA DE LA LUZ, EL TELÉFONO, IMPUESTOS MUNICIPALES, GAS, OBRAS SANITA...

¡VAMOS, FELIPE!...¡HAY QUE MIRAR EL LADO POSITIVO DE VOLVER A EMPEZAR UN NUEVO AÑO DE CLASES!

HAY QUE PENSAR EN EL REENCUENTRO CON VIEJOS COMPAÑEROS, EN LO LINDO DE CONOCER NUEVOS AMIGOS...

...Y EN LA ALEGRÍA DE LOS RECREOS

SÍ, CLARO, TENÉS RAZ.....¡CÓMO!...¿LO TENÍAS ANOTADO EN UN PAPELITO?

Y, SÍ, SÍ HAY QUE VER EL TRABAJO QUE ME COSTÓ, ¡TODA LA MAÑANA PARA ENCONTRAR ESOS TRES ESTÚPIDOS ARGUMENTOS DE PORQUERÍA!

87-9

ЧŔΙÜÜÚŮŮ...!

¡MCHUMK!

QUINO

LO BUENO DE ESTOS PRIMEROS DÍAS DE CLASE ES QUE LA MAESTRA TODAVÍA NO CONOCE BIEN A CADA ALUMNO

88-9

PARA ELLA POR AHORA SOMOS TODOS MÁS O MENOS IGUALES. NO HAY MEJORES, NI PEORES, NI NADA

HASTA ES CAPAZ DE PENSAR QUE TAL VEZ YO PUEDO LLEGAR A SER EL PRIMERO DEL GRADO

QUINO

¡LA MUY BESTIA! ¡YO!...¡YO EL PRIJA'H-JA'H-JA'H-JA'H DEL GRAJA'H-JA'H-JA'H

¡SSSHHH!...LOGRAMOS ACERCARNOS AL CAMPAMENTO COMANCHE SIN SER DESCUBIERTOS

¡PST, HEY, FELIPE! ESTABA PENSANDO.... ¿POR QUÉ YA QUE TENEMOS ARMAS NO DEJAMOS ESTA ESTUPIDEZ Y JUGAMOS A LA REVOLUCIÓN SOCIAL?

SE CREE EL REY DE LA OFICINA! ¡SE CREE QUE PUEDE LLEVARNOS A TODOS POR DELANTE! ¡SE CRE

¿Y POR QUÉ VOS NO VAS, LO AGARRÁS Y LO MOLÉS A PATADAS?

¡MÁH, CALLATE!... ¡QUÉ ENTENDÉS VOS!...

¿YO? NADA, ¿VOS SÍ? ¡CLARO QUE ENTIENDO!

AH, ¿Y DE QUÉ TE SIRVE, SI NO PODÉS IR, AGARRARLO Y MOLERLO A PATADAS?

VEAMOS LOS PUNTOS CARDINALES, ¿EL SOL SALE POR....

LA MAÑANA

¡PERO NO! ¡LA MAÑANA NO ES UN PUNTO CARDINAL!

AH, ESO AL SOL NO LE IMPORTA, ÉL SALE IGUAL

SÍ, BUENO, PERO ¿POR DÓNDE?

POR LA VENTANA DEL LIVING

¡ESO VISTO DESDE TU CASA!

Y, SÍ. A MI EDAD NO TENGO MUCHAS POSIBILIDADES DE AMANECER EN OTRO LADO

ANDÁ A TU ASIENTO, POR FAVOR

LÁSTIMA, CHARLAR CON USTED ME FASCINA

SALUD, MANOLITO ¿POR QUÉ TAN CABIZBAJO?

¿TE ACORDÁS QUE YO DECÍA QUE LO BUENO DE LOS PRIMEROS DÍAS DE CLASE ES QUE LA MAESTRA TODAVÍA NO CONOCÍA BIEN A SUS ALUMNOS?

SÍ

¿Y QUE PARA ELLA POR AHORA ÉRAMOS TODOS IGUALES, SIN MEJORES, NI PEORES, NI NADA?

SÍ

BUENO, HOY ME CORRIGIÓ EL PRIMER DICTADO.... ¡Y SE ACABÓ LA DEMOCRACIA!

MAFALDA, ¿PODÉS IR A COMPRAR EL PAN?

¿CON EL SUDOR DE MÍ FRENTE?

VOY

¿DE DÓNDE SALIÓ ESO DE "GANARÁS EL PAN CON EL SUDOR DE TU FRENTE", MAMÁ?

ESO SE LO DIJO DIOS A ADÁN

AH

¡Y ME EQUIVOCO, O LA INVASIÓN DE DESODORANTES EMPEZÓ CUANDO DESPUÉS TODO EL MUNDO TUVO QUE IR GANÁNDOSE LA HELADERA, EL LAVARROPAS, EL TELEVISOR, EL AUTO, EL DEPARTAME

CUANDO SEA GRANDE VOY A SER JEFE! ¡NO SÉ DE QUÉ, PERO VOY A SER JEFE!

¡PERMISO! ¿EH?

¿EH? ¡AH! ¡SÍ, SÍ, YA!

¡EN FIN!...

¡BUÉH!... UN POCO DE RES-
PONSABILIDAD Y A EM-
PEZAR EL DEBER DE
GEOMETRÍA

"RESPONDE: ¿CUÁNDO UN
TRIÁNGULO ES ISÓSCELES?"

CUANDO FELIPE KID LLEGA
JUSTO A TIEMPO DE IMPE-
DIR QUE CARROÑA JOE SE
ALCE CON LA HIPOTENUSA

¡YA TUVE QUE DEJARME
INFLUENCIAR POR MÍ!

HOY ACOMPAÑÉ A MI MAMÁ
A HACER LAS COMPRAS....
¡DIOS MÍO, ERA COMO SI EL
POBRE MONEDERO TUVIERA
COLITIS !!!

AQUÍ HABLAN DEL *ESPERANTO* ¿QUÉ CORCHOS SERÁ ESO?

ES UN IDIOMA UNIVERSAL

AH, ¿BÁNG?

¡AH!...¡A MÍ LO QUE ME GUSTARÍA SERÍA PERTENECER A LA SOCIEDAD!

A LA SOCIEDAD PERTENECEMOS TODOS, SUSANITA

NO ME ENTENDÉS. YO TE DIGO A LA QUE TIENE APELLIDO

APELLIDO TENEMOS TODOS, SUSANITA

¡PERO NO, TARADA!...¡YO TE DIGO A LA QUE TIENE LA SARTÉN POR EL MANGO!

DALE, ¿A VER?, DALE: *LA SARTÉN POR EL MANGO LA TENEMOS TODOS, SUSANITA*. DALE, ¿EH? DECILO, ANDÁ, ¿A VER?, DALE...

...Y ASÍ CONCLUYE LA PRIMERA EMISIÓN DE ESTA SERIE TITULADA: CADA HOGAR UN MUNDO

¡LINDA COMPARACIÓN! ¿SERÁ UNA CAMPAÑA PSICOLÓGICA PARA DESPRESTIGIAR HOGARES?

LAS HORMIGAS VIVEN HOY EXACTAMENTE DE LA MISMA MANERA EN QUE VIVÍAN HACE MILES DE AÑOS, Y TAN CAMPANTES

100-9

LA HUMANIDAD EN CAMBIO MUCHA EVOLUCIÓN, MUCHA TÉCNICA, MUCHA CIENCIA, Y CADA VEZ CON MÁS LÍOS

ES TAN CIERTO ESO QUE ACABÁS DE DECIR QUE NO SIRVE ABSOLUTAMENTE PARA NADA

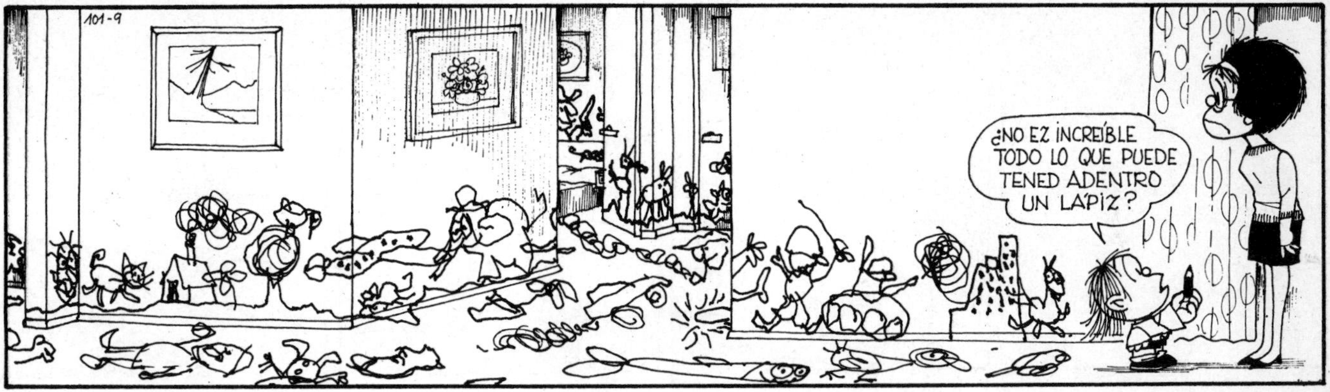
101-9
¿NO EZ INCREÍBLE TODO LO QUE PUEDE TENED ADENTRO UN LÁPIZ?

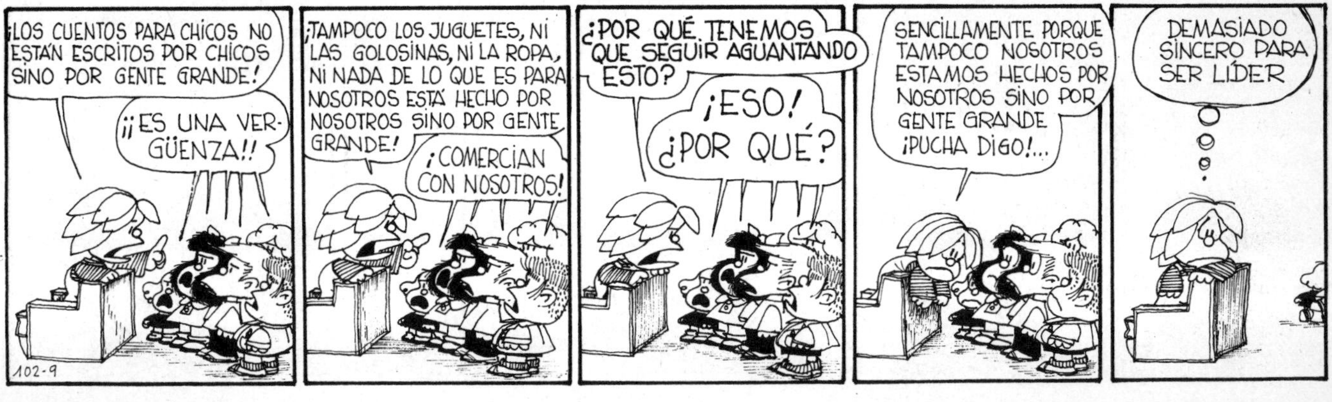
¡LOS CUENTOS PARA CHICOS NO ESTÁN ESCRITOS POR CHICOS SINO POR GENTE GRANDE!
¡¡ES UNA VERGÜENZA!!
¡TAMPOCO LOS JUGUETES, NI LAS GOLOSINAS, NI LA ROPA, NI NADA DE LO QUE ES PARA NOSOTROS ESTÁ HECHO POR NOSOTROS SINO POR GENTE GRANDE!
¡COMERCIAN CON NOSOTROS!
¿POR QUÉ TENEMOS QUE SEGUIR AGUANTANDO ESTO?
¡ESO! ¿POR QUÉ?
SENCILLAMENTE PORQUE TAMPOCO NOSOTROS ESTAMOS HECHOS POR NOSOTROS SINO POR GENTE GRANDE ¡PUCHA DIGO!...
DEMASIADO SINCERO PARA SER LÍDER
102-9

¡LOS PRINCIPALES RÍOS DEL MUNDO! ¡PARA QUÉ CORCHOS TENEMOS QUE APRENDER LOS PRINCIPALES RÍOS DEL MUNDO?

¡TODO POR ESA MALDITA MANÍA QUE TIENEN DE ANDAR PONIÉNDOLE NOMBRES AL AGUA!

TODA LA TARDE DE AYER ESTUDIANDO ¿Y PARA QUÉ? ¡SÍ, YA SÉ: LA CULTURA ESTO Y LA CULTURA AQUELLO!

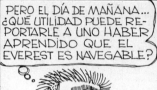

PERO EL DÍA DE MAÑANA... ¿QUÉ UTILIDAD PUEDE RE- PORTARLE A UNO HABER APRENDIDO QUE EL EVEREST ES NAVEGABLE?

MÑBSBS - BMÑSBSBS MBSÑ - ÑBSBSMÑSB ¡CADAMBA, QUÉ BIEN!

¿A QUIÉN QUERÉS HACER CREER QUE SABÉS LEER, GUILLE?

¡TENGO IMAGINAZIÓN! ¿VEDDAD? ¡PUEDO IMAGINADME QUE EL DIADIO TRAE LAZ NOTIZIAZ QUE A MÍ ME DA LA GANA ZOBRE EL MUNDO Y LA POLÍTICA Y LOZ CADAMELOZ Y EL GOBIEDNO Y TODO!

¿AJHA'P ¿Y DEL PRESIDENTE, POR EJEMPLO, QUÉ DICE HOY EL DIARIO?

¡POD FAVOD!... ME PONE POD LAZ NUBEZ, COMO ZIEMPRE

TENGO UNA DUDA CON UN TIEMPO DE VERBO ¿PODRÍA CONSULTAR TU LIBRO?

POR SUPUESTO, VENÍ

VEAMOS... YO ME AMO TÚ ME AMAS ÉL ME AMA NOSOTROS NOS...

¿VES? ¡FALTA!

¿FALTA QUÉ?

NOSOTROS ME AMAMOS

¡PERO SUSANITA, ESO NO EXISTE!

¿¡CÓMO NO VA A EXISTIR "NOSOTROS ME AMAMOS"!?

Y NO.¿NO VES QUE NO?

TOMÁ. LO QUE VEO ES QUE EL QUE HIZO LOS VERBOS SERÍA MUY DUCHO EN GRAMÁTICA, PERO EN EGOÍSMO ERA UN ZOQUETE!

HOLA, HIJITA

¡HOLAMMCHUIK!

CANSADO, ¿NO?

¡ÉH!... LA LUCHA POR LA VIDA...

LO PEOR ES QUE LA VIDA CREE QUE UNO ES SU SPARRING

MAFADDITA, ¿CUANDO YO SEA GRANDE QUE ALTUDA VOY A TENED?

NO SÉ, GUILLE ¿PERO POR QUE QUERÉS SABERLO DESDE AHORA?

PODQUE SI SOY BAJITO TENDRÉ QUE MIDAD TODO ASÍ Y VOY A ENSUCIAD LOS CUELLOS DE MIS CAMISAS POD ATRÁS

EN VEZ SI SOY ALTO TENDRÉ QUE MIDAD TODO ASÍ Y LOS VOY A ENSUCIAD POD ADELANTE

QUISIEDA SABED POD CULPA DE CUÁL DE LAS DOS CANTILENAS VOY A TENED QUE SEPADADME DE MI MUJED

¡JHABÉS PHOR GUÉ LA GHENTE SE QUEJHA EN ÉSDE PHAÍS?

PHORGUE NO HA PASAHO NUNGA HAMBRHE ¡PHOR ÉHSO!

¡HAMBRHE! ¡HAMBRHE! ... ¡ÉHSO É LO GUE LA GHENTE NECEHITA EN ÉSDE PHAÍS!

ESTE FÓSFORO LO ENCIENDE UN SABO-TEADOR Y VUELA UN GASODUCTO. LO ENCIENDE UN COCINERO Y HACE UN RISOTTO

LO ENCIENDE UN DISTRAÍDO E INCINERA UN PARQUE NACIONAL. LO ENCIENDE UN OPE-RARIO Y PONE EN MARCHA UN COMPLEJO SIDERÚRGICO

LO ENCIENDO YO,¿Y QUÉ PASA?

¿QUÉ MIRÁS? ¡EN ESTE MUNDO CADA CUAL TIENE SU IDIOSINCRASIA! ¿NO?

MADE IN JAPAN ¿AJHÁ?

¡LA FUERZA DEL DINERO ES FABULOSA! PENSAR QUE UN JAPONÉS, A QUÉ SÉ YO CUÁNTOS MILES DE KILÓ-METROS DE AQUÍ INVIERTE SU CAPITAL EN FABRICAR SACA PUNTAS...

Y QUE PARA TRAER ALGO TAN SIMPLE HAY INVERTIDOS MILLONES Y MILLONES DE DÓLARES EN AGENCIAS EX-PORTADORAS, COMPAÑÍAS DE TRANSPORTE, AGENCIAS IMPORTADORAS, EMPRESAS DISTRIBUIDORAS......

Y TODO PARA QUE YO PUEDA SACARLE PUNTA A MI LÁPIZ Y AGREGAR MI ESLABÓN A TODA ESA INMENSA CADENA DE PODERÍO COMERCIAL

Señora Tota debe un envase pecsicola

¿A QUÉ VELOCIDAD VOLARÁN LAS MOSCAS?

¿NO TE PARECE QUE LAS COSAS ESTÁN COMO PARA PREOCUPARSE POR ALGO MÁS IMPORTANTE QUE ESO, MIGUELITO?

SI HOY PARA VIVIR COMO LA MONA UN OBRERO DEBE DESLOMARSE DIECISÉIS HORAS DIARIAS, ¿CUÁNTOS KILÓMETROS RECORRERÁ UNA MOSCA EN ESE TIEMPO?

¡HMMM!....NO

¡ÑÍC!

QUEDO MUCHO MEJOD CON EL BIGOTE AFEITADO

¿CÓMO HABRÁ SIDO EL ASUNTO? ¿LAS DOS COSAS SERÁN OBRA DE UN MISMO SÁDICO?

¿O POR PURO GUSTO DE FASTIDIAR EN EQUIPO, UN CRETINO INVENTÓ LA CUCHARA Y AHÍ NOMÁS A OTRO DEPRAVADO SE LE OCURRIÓ LA SOPA?

¡AAAH!...NO HAY MEJOR COSA QUE TERMINAR DE ACOSTUMBRARSE A QUE TODO ANDA MAL, PARA EMPEZAR A SER FELIZ

"NADIE VALE POR LO QUE TIENE, SINO POR LO QUE ES"

¡VAMOS!....¡SI EL QUE NO TIENE, NI SIQUIERA ES!

A MI PAPÁ LE DIERON DE VUELTO UNA MONEDA CON UN AGUJERO Y ME LA REGALÓ

¿CON UN AGUJERO? ¿A VER?

NO SÉ SI GUARDARLA COMO AMULETO O COMO RECUERDO DEL DETERIORO ECONÓMICO

LUCHADOR INCANSABLE DE PRECLARAS IDEAS

ASÍ, CUALQUIERA. EL MÉRITO ES ESTAR CANSADO Y SEGUIR LUCHANDO

¡ATCHÍÍSS!

¡DIOS MÍO, MAFALDA! ¿ESTORNUDASTE?

NO, ES QUE AHORA ME DA POR OPINAR POR LA NARIZ, PARA NO COMPROMETERME

¡HACETE LA CÁUSTICA, TARADA! ¡TODAVÍA QUE ME PREOCUPO POR TU SALUD!...

BIEN, AHORA GUARDEN TODOS SUS ÚTILES

MENOS LÁPIZ, GOMA DE BORRAR Y UNA HOJA EN BLANCO EN LA QUE ANOTARÁN: *"PRUEBA ESCRITA"*

PERDÓN, ¿Y SI APELÁRAMOS A LA SENSATEZ Y DEJÁRAMOS LA COSA PARA OTRO DÍA?

DIGO..... PARA EVITAR UN INÚTIL DERRAMAMIENTO DE CEROS

HOLA, FELIPE. VENÍA PENSANDO...¿QUÉ ACTITUD CONVENDRÁ ADOPTAR ANTE LA GENTE?

¿LA DE SEGURO DE UNO MISMO, PARA QUE TODOS TE RESPETEN?

¿LA DE INDIFERENTE, PARA PASAR INADVERTIDO Y QUE NADIE TE MOLESTE?

¿LA DE DESPROTEGIDO, PARA QUE TODOS TE AYUDEN?

DE LA QUE UNO ELIJA DEPENDE CÓMO LE IRÁ EN LA VIDA, ASÍ QUE ES MUY IMPORTANTE DECIDIR DESDE YA, Y NO EQUIVOCARSE

¡MECACHO!....¡Y TAN TRANQUILO QUE ESTABA YO!...

PARECERÁ CRUEL, PERO ES UNA VERDAD

MÁS QUE UNA VERDAD: ES UNA LEY DE LA NATURALEZA

"NADIE PUEDE AMASAR UNA FORTUNA SIN HACER HARINA A LOS DEMÁS"

¡Y DÁLE CON LA POLÍTICA! ¡Y DÁLE CON LA POLÍTICA! ¡¡ME TENÉS PODRIDA CON LA POLÍTICA!!

"¡LA POLÍTICA ES UN DESASTRE!..." "¡LA CULPA DE TODO LA TIENE LA POLÍTICA!..." "¡LA POLÍTICA ESTO, LA POLÍTICA AQUELLO!..."

¿SABÉS LO QUE PARECÉS? ¡LA NUERA DE LA POLÍTICA! ¡ESO PARECÉS!

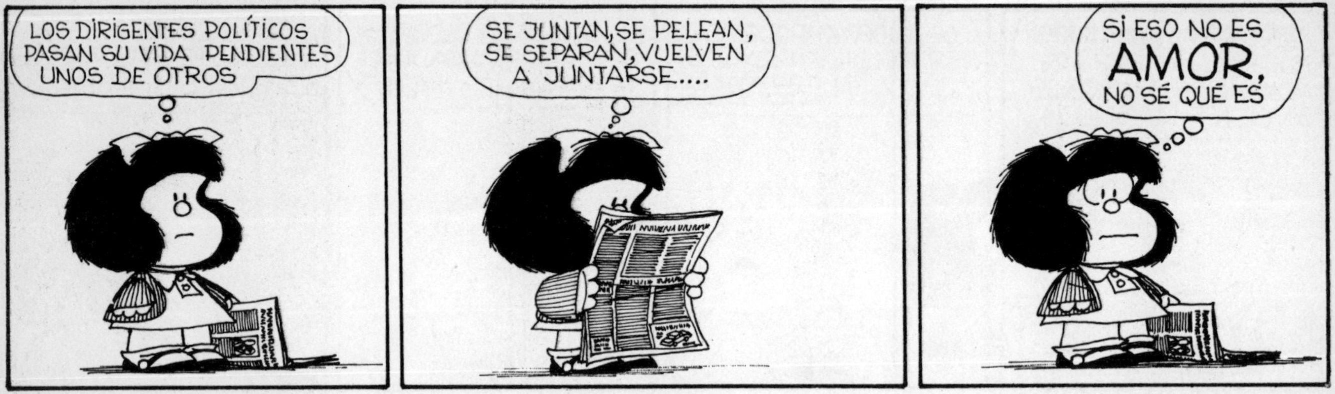
LOS DIRIGENTES POLÍTICOS PASAN SU VIDA PENDIENTES UNOS DE OTROS
SE JUNTAN, SE PELEAN, SE SEPARAN, VUELVEN A JUNTARSE....
SI ESO NO ES AMOR, NO SÉ QUÉ ES

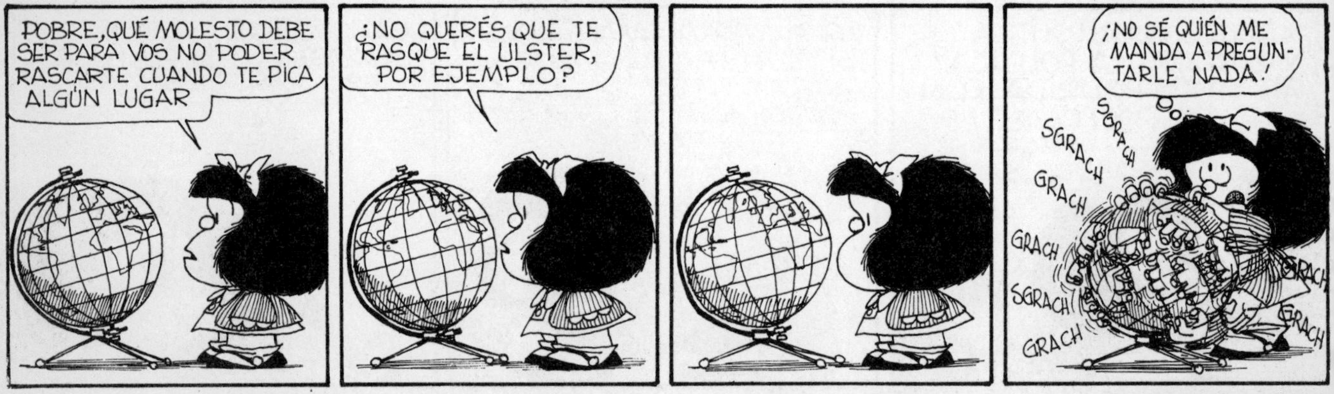
POBRE, QUÉ MOLESTO DEBE SER PARA VOS NO PODER RASCARTE CUANDO TE PICA ALGÚN LUGAR
¿NO QUERÉS QUE TE RASQUE EL ULSTER, POR EJEMPLO?
¡NO SÉ QUIÉN ME MANDA A PREGUNTARLE NADA!
SGRACH
SGRACH
GRACH
GRACH
SGRACH
GRACH
SGRACH
GRACH

¡PERO MAMÁ, LOS HIJOS NO PODEMOS SER TAN MONSTRUOS Y BAÑARNOS SIN OPONER RESISTENCIA!

¡LOS HIJOS NO PODEMOS SER TAN DEGENERADOS Y COMER SIN CHISTAR!

¡LOS HIJOS NO PODEMOS SER TAN DESALMADOS Y PORTARNOS BIEN!

¡¡SERÍA CERRARLES A NUESTRAS PROPIAS MADRES SUS FUENTES DE TRABAJO!!

¿QUÉ ESTÁS VIENDO, MAFALDA?

LA PELEA

PERO....¡SI ES UN TELETEATRO! ¿QUÉ PELEA?

LA DEL LIBRETISTA; ES APASIONANTE VER CÓMO HA LUCHADO EL LIBRETISTA PARA NO CAER EN LAS GARRAS DE LA INTELIGENCIA

¿Y ESTE CAMIÓN CON MANGUEDA?

ES POR SI HAY SEMBRADA VIOLENCIA, GUILLE. PARA ARRANCARLA DE RAÍZ, APENAS APARECEN BROTES ESTOS SEÑORES VAN Y LOS RIEGAN

COMO MÉTODO AGRÍCOLA ES ALGO CONTRADICTORIO, PERO HAY TANTAS COSAS CONTRADICTORIAS QUE NO VALE LA PENA PREOCUPARSE

EN MI CASA TODOS LOS MESES LO MISMO

ENTRA MI PAPÁ CON EL SUELDO, SE LO PASA A MI MAMÁ, MI MAMÁ LO RECIBE, CONTROLA BIEN...

AVANZA MI MAMÁ UNOS DÍAS, VA MIDIENDO EL SUELDO, APARECE UNA CUENTA, LA PAGA, SIGUE AVANZANDO MI MAMÁ, SIEMPRE PAGANDO A- TRAVIESA LA MITAD DEL MES...

UN COBRADOR TRATA DE INTERCEPTARLA, EN- FRENTA A MI MAMÁ... ¡MI MAMÁ LO ELUDE! ¡SIGUE SU AVANCE SIEMPRE CON SUELDO DOMINADO! ¡TRATA DE LLEGAR A FIN DE MES!...

¡GRAN EMOCIÓN!... ¡SE VA ACERCANDO MI MAMÁ CON EL SUELDO!... ¡PUEDE SER! ¡VA LLEGANDO! ¡PUEDE SER!... ¡LO ESTIIIRAAAA!...

....¡CUANDO SE INTERPONE EL DÍA 26 Y ENVÍA EL SUELDO AL CORNER!

¡NO SÉ POR QUÉ, PERO A VECES ME AGARRAN POR DENTRO CADA INCOMPATIBILIDADES CON MI NIÑEZ, QUE NO TE CUENTO!

Cuando un cliente compra una cosa está comprando dos:

una, la que él cree que está comprando, y otra la que realmente uno le está vendiendo.

¡MECACHO!...¡MIS APUNTES TÁCTICOS!...

PAPÁ, ¿LOS CHICOS FORMAMOS PARTE DEL PUEBLO?

¡POR SUPUESTO!

¡MECACHO!.. YA QUE NO TENÍAMOS ACCESO A CASI NADA POR SER CHICOS...¡ENCIMA ESO!

¡MIRÁ VOS QUÉ LINDO, CÓMO SE AMAN EL ÁRBOL Y LA ENREDADERA! ¿NO?

AJHÁ

CLARO QUE ANDÁ A SABER SI NO SON COMO LOS DE ENFRENTE DE CASA, QUE SE DICE QUE ÉL LA AGUANTA PORQUE NO SABE CÓMO SACÁRSELA DE ENCIMA

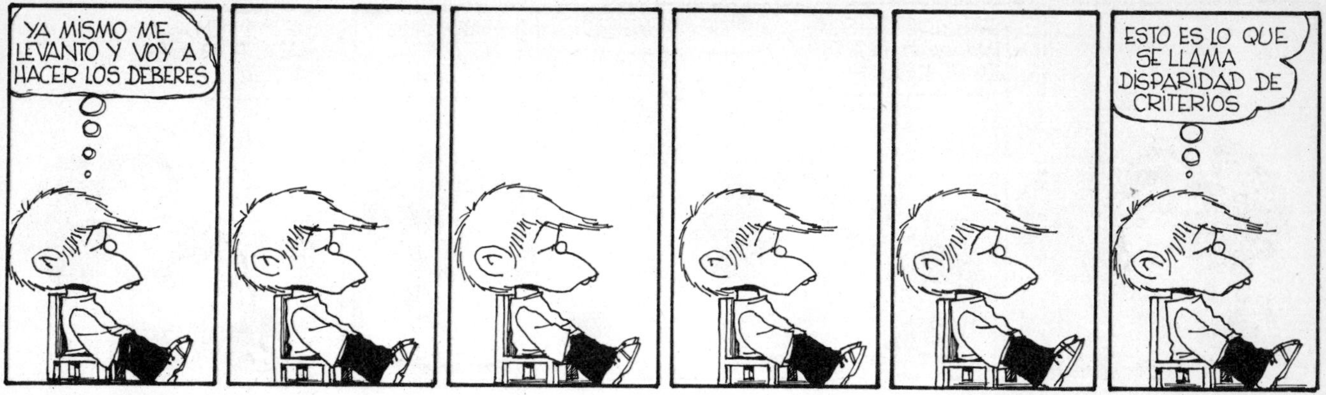

YA MISMO ME LEVANTO Y VOY A HACER LOS DEBERES
ESTO ES LO QUE SE LLAMA DISPARIDAD DE CRITERIOS

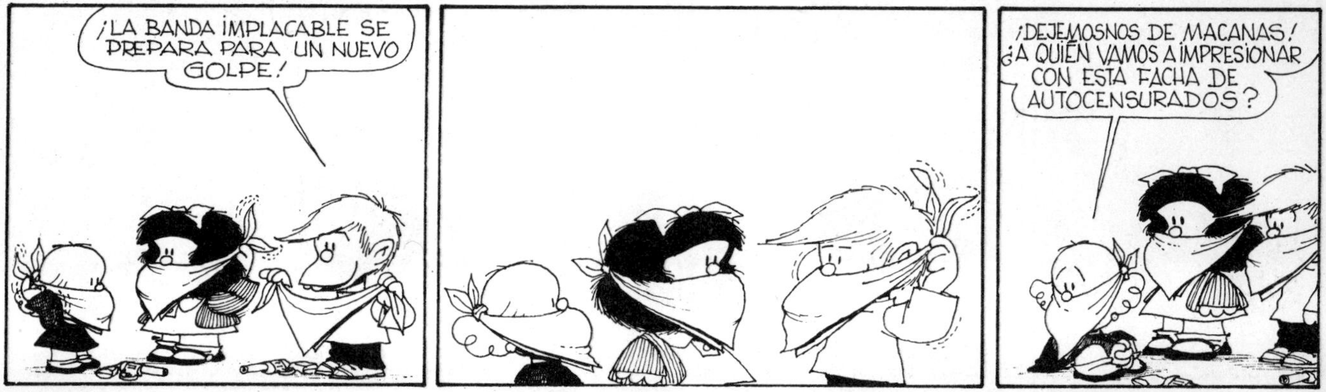

¡LA BANDA IMPLACABLE SE PREPARA PARA UN NUEVO GOLPE!
¡DEJEMOSNOS DE MACANAS! ¿A QUIÉN VAMOS A IMPRESIONAR CON ESTA FACHA DE AUTOCENSURADOS?

¿TE CONTÉ QUE MI PAPÁ A SU SUELDO LO LLAMA "EL CONCORDE"?

¿EL CONCORDE?

SÍ, POR LO RÁPIDO QUE VUELA

AH

TIENE MUCHO SENTIDO DEL HUMOR TU PAPÁ

BUENO, NO SÉ ¿DECIR LAS COSAS LLORANDO ES TENER MUCHO SENTIDO DEL HUMOR?

¡"USE" "COMPRE" "TOME" "COMA" "PRUEBE"!...¡EEEEEEH!... ¿QUÉ CREEN QUE SOMOS?

¡CLACK!

¿Y QUÉ SOMOS?

¡CLICK!

LOS MUY MALDITOS SABEN QUE TODAVÍA NOSOTROS NO LO SABEMOS

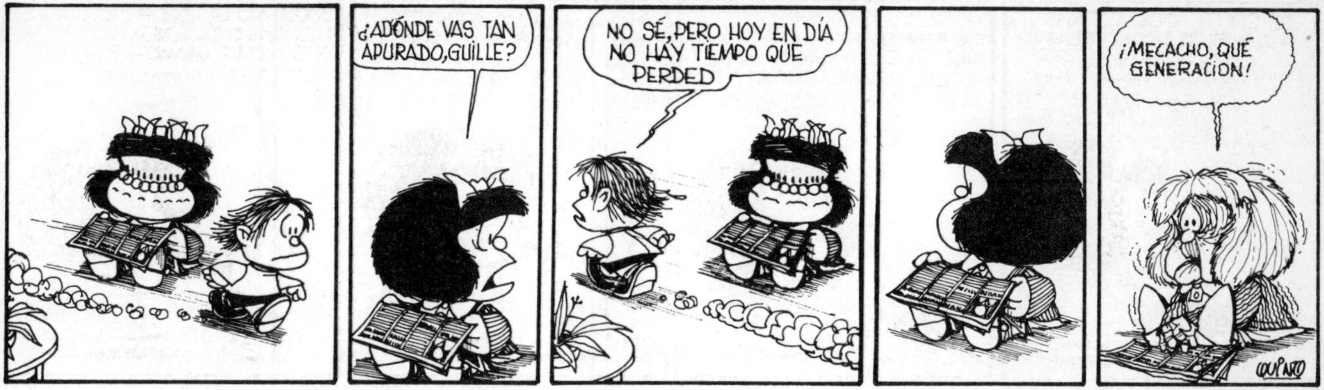
¿ADÓNDE VAS TAN APURADO, GUILLE?
NO SÉ, PERO HOY EN DÍA NO HAY TIEMPO QUE PERDED
¡MECACHO, QUÉ GENERACION!
QUINO

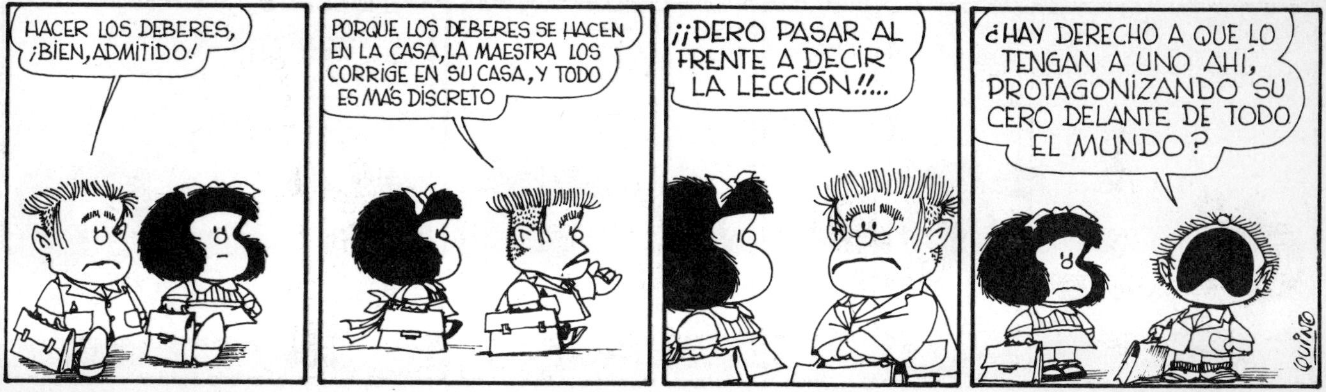
HACER LOS DEBERES, ¡BIEN, ADMITIDO!
PORQUE LOS DEBERES SE HACEN EN LA CASA, LA MAESTRA LOS CORRIGE EN SU CASA, Y TODO ES MÁS DISCRETO
¡¡PERO PASAR AL FRENTE A DECIR LA LECCIÓN!!...
¿HAY DERECHO A QUE LO TENGAN A UNO AHÍ, PROTAGONIZANDO SU CERO DELANTE DE TODO EL MUNDO?
QUINO

¡BANG! ¡BANG! ¡BANG! ¡BANG! ¡BANG! ¡BANG! ¡BANG! ¡BANG! ¡BANG! ¡BANG! ¡BANG! ¡BANG! ¡BANG! ¡BANG! ¡BANG! ¡BANG! ¡BANG! ¡BANG!

¡ÉÉÉÉÉÉÉH!... ¿DÓNDE VISTE QUE UN REVÓLVER DISPARE TANTAS BALAS SIN RECARGARLO? ¡UN POCO MÁS DE REALISMO, CARAMBA!

BUENO, SI ES POR ESO TAMPOCO ES HORA DE ESTAR TIROTEÁNDONOS EN UN SUPUESTO DESFILADERO DE ARIZONA, SINO DE IR A TOMAR LA LECHE.

REALISMO, DIJE, NO REALIDAD

SEGÚN DICE MI PAPÁ, DESDE HACE AÑOS LO ÚNICO QUE SABEN HACER LOS GOBIERNOS ES OPRIMIR AL PUEBLO

¡VIENE UN GOBIERNO Y OPRIME AL PUEBLO!...

¡VIENE OTRO Y OPRIME AL PUEBLO!...

¡VIENE OTRO Y OPRIME AL PUEBLO!...

¡TAMBIÉN EL PUEBLO, CHÉ! ¡QUÉ VOCACIÓN DE TIMBRE! ¿NO?

PAPÁ..... ¿SÍ?

DECIME, CUANDO UNO LLEGA A TU EDAD.....

...¿LOGRA DISTINGUIR UNA LÍNEA POLÍTICA DE UN GARABATO IDEOLÓGICO, O TAMPOCO?

¡SALUD, SUSANITA! ¿QUÉ CONTÁS DE BUENO?

ME ALEGRA TU PREGUNTA PORQUE JUSTAMENTE HOY ME SIENTO AUTOBIOGRÁFICA. YA DESDE MI MÁS TIERNA INFANCIA DEMOSTRÉ MI CARÁCTER; TENDRÍA YO COSA DE AÑO Y MEDIO CUANDO CIERTA MAÑANA EN QUE ME ENCONTRABA.

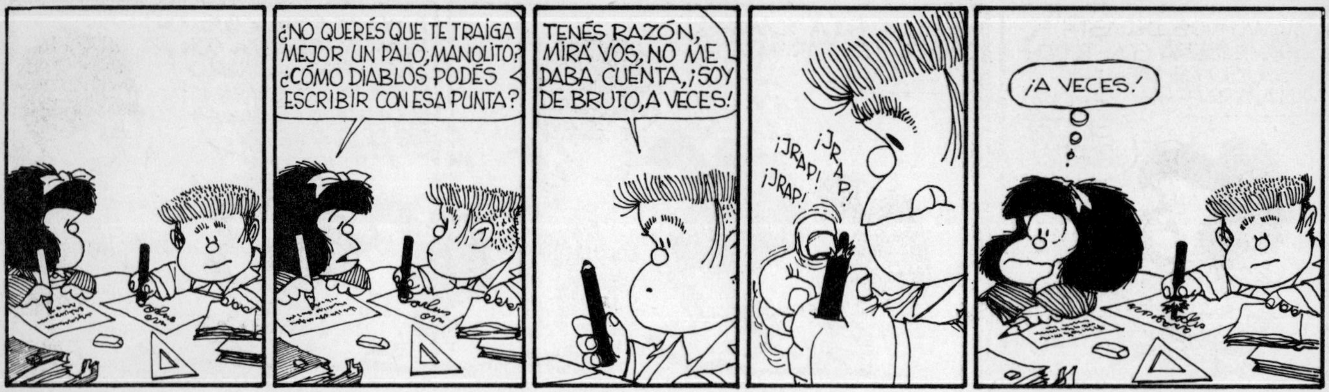
¿NO QUERÉS QUE TE TRAIGA MEJOR UN PALO, MANOLITO? ¿CÓMO DIABLOS PODÉS ESCRIBIR CON ESA PUNTA?
TENÉS RAZÓN, MIRÁ VOS, NO ME DABA CUENTA, ¡SOY DE BRUTO, A VECES!
¡JRAP!
¡JRAP!
¡JRAP!
¡A VECES!

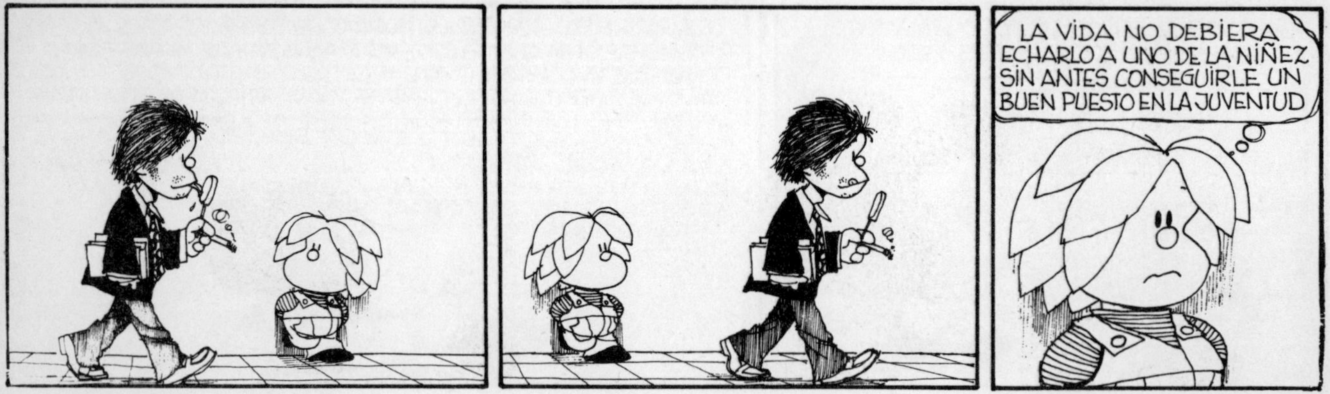
LA VIDA NO DEBIERA ECHARLO A UNO DE LA NIÑEZ SIN ANTES CONSEGUIRLE UN BUEN PUESTO EN LA JUVENTUD

MAMÁ, ¿VOS DEJASTE UNA GUISERA CON TODO UN GUISO EN LA HELADERA?

SÍ, ¿POR?

PORQUE FUI A TOMAR UN VASO DE NARANJADA Y..... MIRÁ

¿Y ESO QUÉ ES?

DEPENDE; PARA VOS, ES UN PEDACITO DE LOZA CON SALSA; PARA UN DIARIO SERÍA UNA MUESTRA QUE REFLEJA LA MAGNITUD DE LO ACAECIDO

MIRÁ VOS, EL SEÑOR DEL DEPARTAMENTO DE ABAJO DE MI CASA, ANTES TENÍA SU EMPLEO....

¿Y QUÉ LE PASÓ?

Y, QUE COMO NO LE ALCANZABA EL SUELDO PARA VIVIR, TUVO QUE BUSCARSE OTRO EMPLEO PARALELO, PERO COMO ENTONCES NO LE ALCANZABA EL TIEMPO LLEGABA SIEMPRE TARDE A LOS DOS EMPLEOS. Y COMO SÍ LO E-CHABAN DE UN EMPLEO, CON EL OTRO NO PODÍA VIVIR, PARA CONSERVAR LOS DOS TUVO QUE COMPRARSE UN AUTO EN CUOTAS, QUE PAGA CON LO QUE GANA EN EL EMPLEO QUE TUVO QUE BUSCARSE CUANDO CON UN SOLO EMPLEO NO PODÍA VIVIR, O SEA QUE AHORA PARA VIVIR SÓLO LE QUE-DA EL SUELDO DEL PRIMER EMPLEO, PERO CLARO, CON EL AUTO, LLEGA TEMPRANO A LOS DOS, ESO SÍ

¿A LA MEEEESAAA?

AH, PERO...¡CÓMO!...

¿HOY TAMBIÉN ES SAN ESTÓMAGO MÁRTIR?

MIENTRAS UNO ES CHICO, PUEDE SER HIJO, SOBRINO, PRIMO Ó NIETO, QUE SON PALABRAS LINDAS

PERO CUANDO UNO ES GRANDE... ¡PUEDE SER COSAS ESPANTOSAS!

¡TE JURO: SI UN DÍA YO LLEGO A SER EL CONCUÑADO DE LA NUERA DE ALGUIEN, ME SUICIDO DE ASCO!

¡¡DIJE QUE NO ME VOY A BAÑAD, Y NO ME VOY A BAÑAD!!

....Y UN PAQUETE DE ARROZ, ¿ALGO MÁS?

NADA MÁS

FFFSSSSSSS ¡BLÓP!

MIRÁ VOS, YA NI EN EL INSTINTO DE CONSERVACIÓN DEL TOMATE SE PUEDE CONFIAR

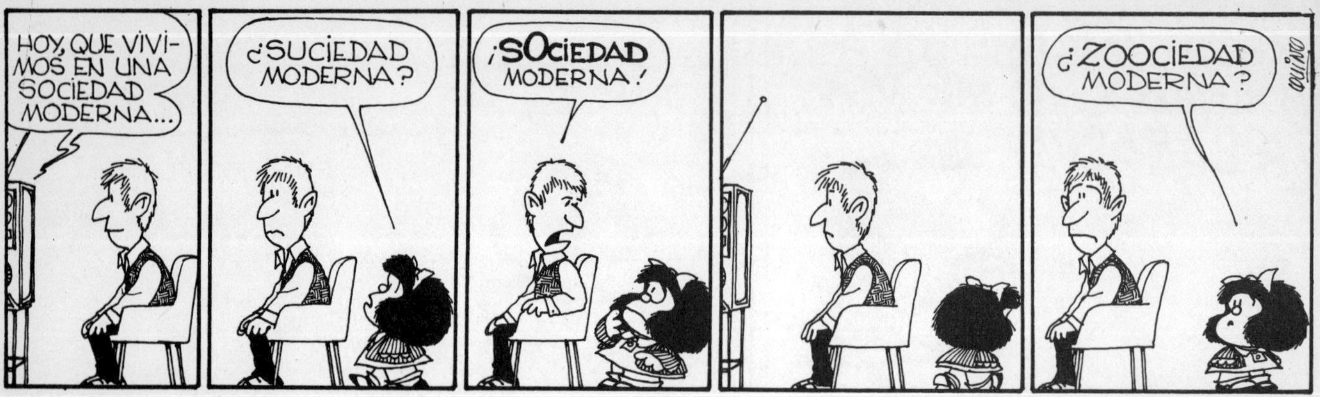
HOY, QUE VIVIMOS EN UNA SOCIEDAD MODERNA...
¿SUCIEDAD MODERNA?
¡SOCIEDAD MODERNA!
¿ZOOCIEDAD MODERNA?
QUINO

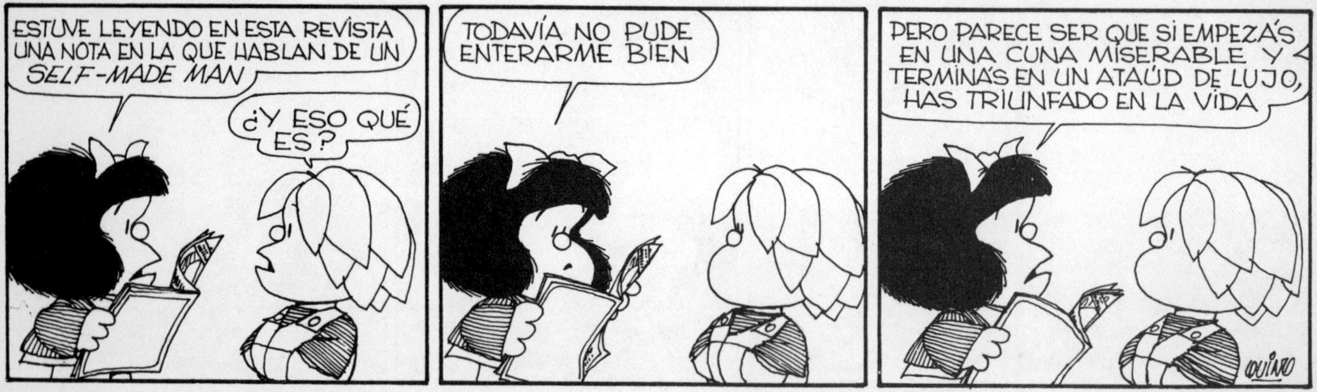
ESTUVE LEYENDO EN ESTA REVISTA UNA NOTA EN LA QUE HABLAN DE UN *SELF-MADE MAN*
¿Y ESO QUÉ ES?
TODAVÍA NO PUDE ENTERARME BIEN
PERO PARECE SER QUE SI EMPEZÁS EN UNA CUNA MISERABLE Y TERMINÁS EN UN ATAÚD DE LUJO, HAS TRIUNFADO EN LA VIDA
QUINO

"LLUEVE, HIJO. SERÁ MEJOR QUE TE QUEDES EN CASA EN LUGAR DE IR A LA ESCUELA, ¿EH?"

LLUEVE, HIJO. SERÁ MEJOR QUE TE LLEVES EL IMPERMEABLE, ¿EH?

SI NO FUERA POR UN LEVE MATIZ, DIRÍA QUE CONOZCO A MI MAMÁ COMO A LA PALMA DE MI MANO

¿ME ALCANZÁS LA GOMA, GUILLE?

YO NO SOY TU SIDVIENTE

NO TE LO PIDO COMO A UN SIRVIENTE, SINO COMO A UN AMIGO

GRACIAS, INGENUOTE

SÍ, BUENO, TRABAJAR PARA GANARSE LA VIDA, CLARO

¿PERO POR QUÉ ESA VIDA QUE UNO SE GANA TIENE QUE DESPERDICIARLA EN TRABAJAR PARA GANARSE LA VIDA?

MAMÁ, CUANDO CONOCISTE A PAPÁ ¿SENTISTE QUE TE DEVORABAN LAS LLAMAS DE LA PASIÓN, O APENAS QUE ALGO SE TE TOSTABA?

HOLA, ¿CÓMO TE LLAMÁS?

MAFALDA

QUÉ BIEN,¿Y VAS A LA ESCUELA?

SÍ, CLARO. ¿Y UD. PAGA TODOS SUS IMPUESTOS?

ÉL EMPEZÓ A HABLAR DE OBLIGACIONES

SÍ, BUENO, PERO ¿Y EL ENCANTO DE VER LA ENVIDIA DE LAS AMIGAS DE LA NOVIA, Y QUE A LA MADRINA LE QUEDAN CHICOS LOS ZAPATOS, Y MIRÁ ESTOS ROÑAS LA BARATIJA QUE REGALARON, Y A ESTE ENGRUDO LLAMAN TORTA DE BODAS

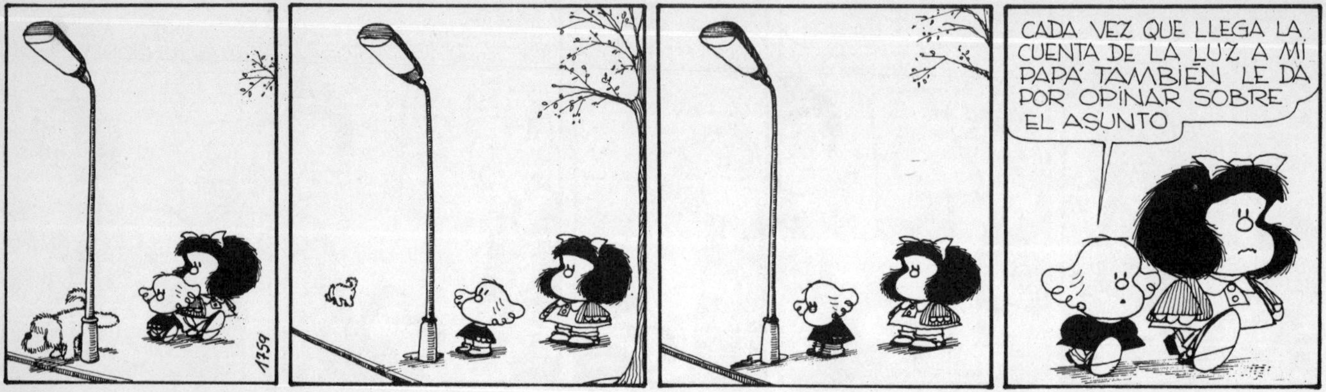
1759
CADA VEZ QUE LLEGA LA CUENTA DE LA LUZ A MI PAPÁ TAMBIÉN LE DA POR OPINAR SOBRE EL ASUNTO

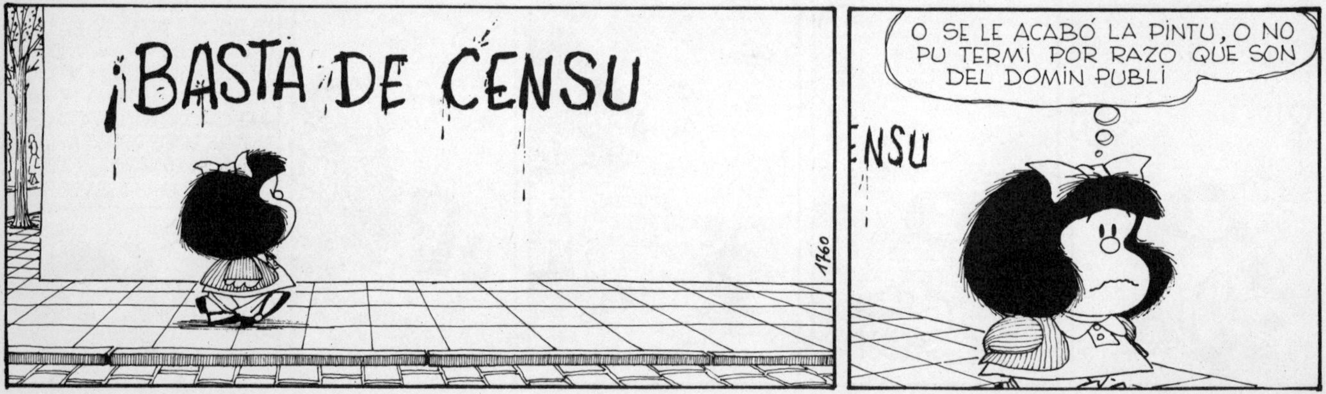
¡BASTA DE CENSU
1760
ENSU
O SE LE ACABÓ LA PINTU, O NO PU TERMI POR RAZO QUE SON DEL DOMIN PUBLI

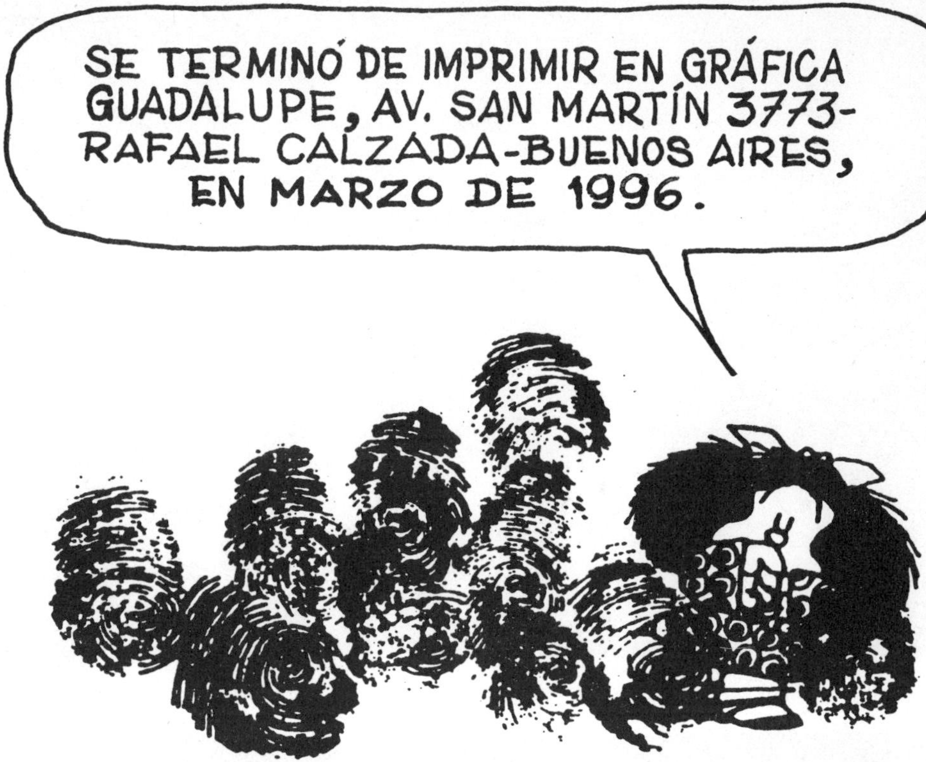
SE TERMINÓ DE IMPRIMIR EN GRÁFICA GUADALUPE, AV. SAN MARTÍN 3773-RAFAEL CALZADA-BUENOS AIRES, EN MARZO DE 1996.